Katharina Kühl

Das Geheimnis vom Dachboden

Mit Zeichnungen von Georgien Overwater

Hase und Igel®

Für Lehrkräfte gibt es zu diesem Buch
ausführliches Begleitmaterial beim Hase und Igel Verlag.

© 1998 by Loewe Verlag GmbH, Bindlach

Ungekürzte Schulausgabe in neuer Rechtschreibung
© 2001 Hase und Igel Verlag, Garching b. München
www.hase-und-igel.de
Druck: CPI – Ebner & Spiegel, Ulm

ISBN 978-3-86760-004-0
9. Auflage 2009

Inhalt

Unerträglicher Lärm 7
Altes Gerümpel 15
Das Tagebuch 24
Die Ururgroßmutter 34
Zweimal zwölf Schritte 43
Die falsche Spur 53
Ein neuer Plan 59
Vergilbte Fotos 69
Der Schatz 74

Unerträglicher Lärm

„Ich frage mich, ob das wirklich eine so gute Idee war."
Frau Jakobi runzelte die Stirn.

„Hast du etwas gesagt?",
fragte ihr Mann, ohne von
seiner Zeitung aufzuschauen.

„Ob das eine so gute Idee
war!", wiederholte Frau
Jakobi diesmal etwas
lauter, um die Geräusche aus dem Kinderzimmer zu übertönen.

Herr Jakobi schüttelte den Kopf.
„Ich kann dich nicht verstehen!" Er wies mit dem Daumen in Richtung Kinderzimmer. „Axel übt!"

„Davon rede ich doch die ganze Zeit! Der Lärm macht mich noch verrückt!", rief Frau Jakobi. „Hätten wir ihm bloß nicht dieses Schlagzeug geschenkt!"

„Aber es sind doch nur drei kleine Trommeln, Inga!"

„Nur drei kleine Trommeln!"

„Du weißt doch", Herr Jakobi ließ die Zeitung fallen und hämmerte stattdessen mit zwei nicht vorhandenen Stöcken auf drei nicht vorhandene Trommeln. „Wer der beste Drummer der Welt werden will", sagte er lachend, „der muss eben üben."

„Aber der Mutter des besten Drummers der Welt fallen gleich die Ohren ab!", stöhnte Frau Jakobi. „Bei dem unerträglichen Lärm!"

In diesem Moment hörte das Trommeln auf. Eine Tür fiel krachend ins Schloss. Gleich darauf wurde die Wohnzimmertür stürmisch aufgerissen.

„Hi, Mama! Papa! Habt ihr gehört, wie ich den Wirbel diesmal hingekriegt habe? War super, oder?"

Aufgedreht hopste Axel von einem Bein auf das andere.

„Großartig!", bestätigte der Vater. „Du machst dich, Axel!"

„Und du, Mama, wie fandest du es?"

„Auch großartig", sagte Frau Jakobi gequält. „Allerdings ..."

„Ich muss eben noch mehr üben", sagte Axel. „Und ich habe da auch schon eine Idee."

Oh nein, nicht schon wieder!, dachte Frau Jakobi. Axels Ideen liefen immer auf ohrenbetäubenden Lärm hinaus. Und ihr altes Haus war einfach zu hellhörig dafür. Als es gebaut wurde, kannte man das Wort Lärmschutz noch nicht.

Das Haus war tatsächlich schon sehr alt. Über hundert Jahre. Herrn Jakobis Urgroßvater hatte es auf einer Anhöhe inmitten eines kleinen Waldes bauen lassen. Inzwischen war von dem Wald nur noch ein verwilderter Garten übrig.  Der Rest hatte einer Siedlung weichen müssen. Einer Reihe langweiliger Wohnblöcke, die sich nur durch die Farbe der Balkongitter voneinander unterschieden.

Das Jakobi-Haus war nicht langweilig. An das zweistöckige, ehemals schlichte Gebäude war im Laufe der Jahre immer wieder etwas angebaut worden. Inzwischen gab es einen vorspringenden Erker, eine flache Garage mit Grasdach und eine Glasveranda. Auch ein Seitenflügel mit zwei Stockwerken war hinzugekommen und Wildrosen rankten um das ganze Haus.

Noch aus der Anfangszeit stammte die Eingangstür an der Vorderseite des Hauses. Zu ihr führte ein breiter Kiesweg mit einer Freitreppe. Die Freitreppe hatte steinerne Brüstungen. Und auf dem unteren Ende jeder Brüstung saß eine dicke Steinkugel. Aber die Krönung des Hauses war ein offener Turm auf dem Dach, der aussah wie die Verzierung auf einer Hochzeitstorte. Wegen dieses Turms wurde das Haus in der Nachbarschaft allgemein „das Schloss" genannt. Für die Jakobis war es aber schlicht „die Bruchbude".

Irgendetwas ging nämlich immer gerade zu Bruch. Der Turm durfte schon seit Langem nicht mehr betreten werden, weil er einzustürzen drohte. Auch die Frei-

treppe wurde nicht mehr benutzt, weil die Stufen vom Frost aufgesprungen waren. Man betrat das Haus durch einen Nebeneingang. Das Dach leckte gleich an mehreren Stellen. Die Fenster waren undicht. Und wegen der veralteten Installation drohte jederzeit ein Rohrbruch. Trotzdem hätte keiner der Familie in einem anderen Haus wohnen wollen. Wenn es nur nicht so hellhörig gewesen wäre!

Wusch sich zum Beispiel einer im Obergeschoss die Hände, dann gurgelten minutenlang sämtliche Leitungen im Haus. Die Parkettfußböden knarrten wie in Draculas Schloss und selbst wenn jemand in Puschen die Treppe hinabschlich, hörte sich das an wie eine Trampeltierherde.

Frau Jakobi verwünschte das alte Haus manchmal wegen dieser vielen Geräusche. Und nun auch noch Axels Trommelei!

„Was ist das für eine Idee, die du da hast?", fragte sie ihn jetzt.

„Ja also", Axel druckste ein wenig herum, „eigentlich ist es Sonjas Idee."

„Wo ist Sonja überhaupt?" Die Mutter sah auf die Uhr. „Es ist gleich sechs!"

„Bei Krümel. Die beiden wollen doch in meiner Band mitmachen."

„Ich höre immer Band?", fragte der Vater verwundert. „Gehören zu einer Band nicht Leute, die ein Instrument spielen? Soviel ich weiß, spielt weder unsere Sonja noch ihre Freundin Krümel ein Instrument."

„Das bekakeln sie ja gerade", sagte Axel. „Deshalb ist Sonja doch bei Krümel." Axel erzählte, dass Sonjas Freundin Gitarre lernen wollte. Ihr älterer Bruder hatte noch eine einfache Gitarre, die er kaum mehr benutzte. Krümel hoffte, sie ihm abschwatzen zu können.

„Und Sonja? Was will die spielen?", fragte der Vater.

„Am liebsten Klavier", meinte Axel. „Das wisst ihr ja."

„Ein Klavier ist nun mal nicht drin", sagte der Vater entschieden. „Das ist einfach zu teuer. Und abgesehen davon, mit dem Instrument allein wäre es nicht getan. Es käme ja auch noch der Klavierunterricht dazu."

„Dann muss Sonja eben singen!", sagte Axel. „Eine richtige Band braucht doch eine Sängerin."

„Hm", sagte der Vater.

„Und was ist nun eure Idee?"

„Ja also, für eine Band, ich meine zum Üben, ist mein Zimmer viel zu klein. Und Sonjas auch. Und bei Krümel zu Hause ist erst recht kein Platz. Deshalb dachten wir …"

„Wenn ihr an das Wohnzimmer dachtet oder überhaupt an eines der Zimmer hier unten, vergiss es, Axel!", unterbrach ihn die Mutter.

„Nein, Mama, wir dachten eigentlich an den Dachboden."

„An den Dachboden? Aber der ist doch voller Gerümpel!"

„Das könnten wir doch ausräumen!"

„Ach du liebes bisschen!" Frau Jakobi lachte. „Den Dachboden wollt ihr ausräumen? Habt ihr eine Vorstellung davon, was das bedeutet? Der Boden ist noch nie ausgeräumt worden. Da steht noch der ganze alte Krempel von Papas Großeltern herum."

„Und von meinen Urgroßeltern!", betonte Herr Jakobi.

„Genau!", wandte sich die Mutter zu Axel. „Dein Vater ist nämlich der König der Trödel-Aufbewahrer."

„Man weiß ja schließlich nie, ob manche Sachen nicht doch noch zu gebrauchen sind", verteidigte sich der Vater.

„Da hörst du es", sagte Frau Jakobi. „Der Boden ist bis unter die Dachsparren voller brauchbarem Müll."

„Aber so schlimm kann das doch nicht sein", meinte Axel.

„Wir brauchen ja auch nicht den ganzen Boden. Nur einen Teil davon! Für ein Musikstudio!"

„Für ein Musikstudio also." Der Vater schmunzelte.

„Na so nennt man das doch!", rief Axel. „Wir könnten ein Stück Boden dafür freiräumen."

„Das wäre jedenfalls eine gute Gelegenheit, um da oben mal gründlich auszumisten", sagte die Mutter.

Der Vater seufzte. „So etwas will richtig überlegt sein. Manche Sachen sind noch …"

Frau Jakobi rollte übertrieben mit den Augen.

„Na gut, na gut", gab der Vater schnell nach. „Die Idee, auf dem Dachboden Musik zu machen, ist gar nicht so übel."

„Wenn gründlich aufgeräumt und sauber gemacht wird", sagte die Mutter. „Da oben muss sich entsetzlich viel Staub angesammelt haben."

„Ist gebongt! Wir räumen auf und machen sauber! Ihr braucht euch um nichts zu kümmern!", rief Axel eifrig. „Ihr werdet sehen, das wird ein ganz tolles Studio!"

„Ein Studio mehr und ein Müllberg weniger im Haus." Die Mutter zwinkerte dem Vater zu.

„Ihr könnt uns dann aber leider nicht mehr zuhören", meinte Axel bedauernd.

„Ja, das ist wirklich schade!", sagte der Vater. „Wir werden das sehr vermissen. Nicht wahr, Inga?" Diesmal zwinkerte der Vater der Mutter zu, aber die schaute gerade in eine andere Richtung.

Altes Gerümpel

Axel und Sonja konnten es am nächsten Tag kaum erwarten, auf den Dachboden zu klettern. Das Mittagessen schlangen sie hastig hinunter. Am liebsten hätten sie danach in der Küche alles so stehen und liegen lassen. Aber Axel war heute mit dem Abtrocknen an der Reihe. Sonja hatte Papier und Flaschen in die Container zu bringen. Außerdem bestand die Mutter darauf, dass die beiden zuerst ihre Schularbeiten machten.

„Mütter!", murmelte Axel ungeduldig. Aber er wusste, dass es zwecklos war zu protestieren. Allerdings konnte

man bei den Schularbeiten ein bisschen mogeln. Sonja war sowieso immer in Rekordzeit damit fertig. Sie hatte sich schon alte Sachen angezogen, als Axel endlich so weit war.

„Aber versprecht mir, auf keinen Fall auf den Turm zu klettern", ermahnte sie Frau Jakobi. „Wenn die Wendeltreppe nachgibt, landet ihr mitsamt dem Monstrum noch hier unten in der Küche!"

„Versprochen!", riefen die beiden und rannten los.

Zum Dachboden gelangte man über das Obergeschoss und eine schmale Stiege. Axel war als Erster oben und rüttelte an der Bodentür. Die Tür klemmte. Sie war seit Langem nicht benutzt worden. Erst als sich die beiden Kinder gemeinsam dagegen stemmten, gab sie unter lautem Knarren nach.

Axel machte einen Schritt vorwärts. „Mann, ist das dunkel hier!", rief er. „Ich kann überhaupt nichts sehen!"

„Wir hätten eine Taschenlampe mitnehmen sollen, wir Deppen!", sagte Sonja.

„Soll ich schnell eine holen?"

„Nein, lass mal! Hier muss doch irgendwo ein Lichtschalter sein!" Sonja tastete an der Wand entlang und fand schließlich den Schalter. Eine einzelne Glühbirne glimmte auf. In dem trüben Licht waren nur Umrisse zu erkennen.

„Bringt auch nichts!", sagte Axel.

„Wir müssen eine der großen Dachluken freiräumen, dann haben wir genügend Licht", erklärte Sonja. Sie begann sich einen Weg durch das Gerümpel zu bahnen. Axel folgte ihr stolpernd.

„Autsch!", schrie er plötzlich. „Mein Schienbein!"

„Pass doch auf!", sagte Sonja ungerührt.

„Du bist gut, wie soll man denn aufpassen, wenn man nichts sehen kann!"

„Gerade deshalb sollst du aufpassen, Blödmann!"

„Blödfrau!", gab Axel zurück, aber seine Schwester achtete nicht darauf. Sie hatte sich inzwischen zur Dachluke durchgekämpft. Dummerweise hatte man eine alte Zimmertür davorgestellt. Mit einiger Mühe zerrten die Kinder die Tür beiseite.

„Ach du dickes Ei!", rief Axel. „Mama hat nicht übertrieben. Der totale Schrott!"

„Schrott aus der Steinzeit", sagte Sonja.

Der große Bodenraum war vollgestopft mit allem, was man innerhalb vieler Jahre in Haus und Garten ausrangiert hatte: Durcheinander stapelten sich Stühle ohne Sitzflächen, leere Weinkisten, Pappkartons, jede Menge Flaschen, Gartengeräte, Tonkrüge in jeder Größe, Koffer, Bettgestelle, gebündelte Zeitungen, Tapetenreste, Farbtöpfe, aufgerollte Teppiche, Liegestühle und zerrissene Markisen. Und über allem lag eine dicke Staubschicht. An verschiedenen Stellen waren Zinkwannen aufgestellt, um das Regenwasser unter dem undichten Dach aufzufangen.

„Mit dem Krempel könnte man einen eigenen Flohmarkt aufmachen", sagte Axel. „Wo sollen wir nur mit dem ganzen Zeug hin?"

„Ist doch gar nicht so schlimm." Sonja dachte praktisch. „Du siehst doch, die haben die Klamotten abgestellt, wie es gerade kam. Einfach immer vorne dazu. Wir brauchen nur alles von hier nach hinten zu räumen und schon haben wir jede Menge Platz!"

„Nur alles von hier nach hinten", murrte Axel. „Dafür brauchen wir hundert Jahre! Mindestens! Warum hilft Krümel uns eigentlich nicht?"

„Die kriegt heute ihre Zahnspange. Stell dich nicht so an! Willst du nun dein Studio haben oder nicht?"

„Okay, okay!"

„Also los!"

Entschlossen bückte sich Sonja nach einem Korb mit leeren Flaschen. Axel schnappte sich eine Schneiderpuppe. Stück für Stück räumten sie fort, schwere Sachen trugen sie gemeinsam. Manches war trotzdem nur mit Zerren und Schubsen von der Stelle zu bewegen. Bei jedem Teil, das sie aufhoben, flog eine Staubwolke auf. Nach einer Weile hatte Axel keine Lust mehr.

Aber da rief Sonja begeistert: „Guck mal, was ich gefunden habe!" Sie zeigte auf einen merkwürdigen Apparat mit einem großen, blanken Trichter.

„Was ist das?", fragte Axel.

„Ein Grammofon! Damit hat man früher Platten abgespielt. Es wird mit einer Kurbel aufgezogen."

„Mann, das könnten wir doch hier irgendwo aufstellen! Ich finde, das passt prima in ein Musikstudio!", rief Axel begeistert. „Ob es noch funktioniert?"

„Das wissen wir, wenn wir die Platten dazu haben", erwiderte Sonja. „Die müssen wir aber erst finden."

Sonja wollte sich sofort auf die Suche nach den alten Scheiben machen, aber mit Axels Begeisterung war es inzwischen vorbei. Er fand, dass sie für heute genug gearbeitet hatten. Sonja fühlte sich auch etwas lahm vom vielen Bücken. Deshalb war sie einverstanden, erst am nächsten Tag weiterzumachen. Sie hatten ja auch schon eine Menge geschafft!

Der vordere Teil des Bodens war fast leer geräumt, wodurch der gesamte Raum mit seinem spitzen Dach wie ein riesiges Zelt wirkte. Axel reizte es, wenigstens einmal die Wendeltreppe zum Turm hinaufzuklettern. Aber bei der Vorstellung, mit dem gesamten Turm unten in der Küche zu landen, ließ er es lieber bleiben.

„Fasst du noch einmal mit an?", scheuchte ihn Sonja aus seinen Gedanken auf. „Die Truhe muss noch weggeschafft werden. Die steht mitten im Weg."

„Okay, wenn es das letzte Mal ist", sagte Axel.

Es war eine große Bauerntruhe mit gewölbtem Deckel. Zum Tragen war sie zu schwer. Vielleicht ließ sie sich aber wegschieben. Die beiden versuchten es. Aber die Truhe bewegte sich keinen Millimeter.

„Null Chance!", schnaufte Sonja. „Das Biest ist einfach zu schwer für uns!"

„Was mag da wohl drin sein?", überlegte Axel.

„Na, mach doch mal auf!"

„Ich weiß nicht." Axel zögerte. „Wenn da nun ein Skelett drin ist?"

„Du spinnst ja!" Sonja tippte sich an die Stirn. „Du siehst zu viele Horrorfilme."

„Dann mach du doch die Truhe auf!"

„Okay, aber wenn ich einen Schatz darin finde, gehört er mir!"

Sonja klappte den schweren Holzdeckel auf und sah hinein. Axel linste vorsichtig über ihre Schulter.

„Bah, lauter Lumpen", sagte er abfällig.

„Alte Stoffe, aber jedenfalls kein Skelett und auch kein Schatz", stellte Sonja lachend fest.

„Und was macht die Truhe dann so schwer?", wunderte sich Axel.

„Vielleicht liegt der Schatz ja ganz unten!" Sonja bückte sich und griff mutig in die Truhe. Eine Staubwolke stieg wie Dampf aus einem Kessel auf. Sonja wedelte ihn mit der Hand fort.

„Kein Schatz!", krächzte sie. „Aber hier unter den Stoffen ist irgendetwas Hartes!"

„Was denn?", fragte Axel gespannt.

Sonja schob Lagen von Samt und Spitzen beiseite. „Es sind Bücher!", rief sie.

„Bücher." Axel war enttäuscht. „So eine Pleite."

„Hättest du lieber dein Skelett?" Sonja hielt ein Buch mit einem roten Ledereinband in der Hand. „Guck mal, das ist doch hübsch!"

„Ach, was willst du damit? Wir wollen hier ja nicht lesen, sondern Musik machen."

Sonja antwortete nicht und pustete den Staub vom Deckel. Das Bändchen öffnete sich von selbst irgendwo in der Mitte. „Es ist mit der Hand geschrieben!", rief sie überrascht. Sie blätterte zurück auf die erste Seite. „Hier steht etwas. Die Schrift ist ziemlich schnörkelig, aber warte mal. Ja, da steht: *Theas Tagebuch*. Es ist ein Tagebuch, Axel! Das ist ja spannend!"

„Was soll daran schon spannend sein?", fragte Axel. „An einem Tagebuch von jemand, den kein Schwanz kennt. Tu es wieder zurück. Es ist sowieso schon zu dunkel zum Lesen."

Sonja zögerte. Doch dann gab sie Axel recht. Es war tatsächlich schon schummerig. Und um diese Handschrift lesen zu können, würde sie ganz besonders gutes Licht brauchen. „Gehen wir wieder nach unten", entschied sie. „Vielleicht ist Papa ja schon da. Dann können wir ihn fragen, ob er uns hilft, die Truhe wegzuschaffen."

„Und ob er uns hier mehr Licht anbringen kann", sagte Axel und lief voraus.

Sonja warf das rote Buch wieder zurück in die Truhe, schlug den Deckel zu und folgte ihrem Bruder nach unten.

Das Tagebuch

Die 4c hatte sich eben gesetzt, da ging die Tür noch einmal auf und Krümel kam herein. Sie wollte schnell auf ihren Platz huschen, aber Frau Rehbein hielt sie fest: „Sag mal, Sabine, warum musst du eigentlich jeden Tag zu spät kommen?"

„Ich wohne gleich nebenan!"
„So", sagte Frau Rehbein. „Und das ist eine Erklärung für dein Zuspätkommen?"
„Ja. Wenn ich nämlich einen längeren Schulweg hätte, könnte ich die Zeit mit Laufen aufholen!"
Die Klasse lachte. Dadurch ermutigt, setzte Krümel noch hinzu: „Ist doch logisch!"
„Klar", sagte Frau Rehbein. „Aber wer rechtzeitig aus dem Haus geht, braucht nichts aufzuholen. Und be-

kommt auch keinen Eintrag ins Klassenbuch. Ist auch logisch, oder? Setz dich!"

Krümel ließ sich auf ihren Platz neben Sonja fallen. Sie stellte ihren Ranzen vor sich auf den Tisch, duckte den Kopf dahinter und flüsterte Sonja zu: „Ich krieg sie, die Gitarre! Und Ulf will mir sogar die wichtigsten Griffe zeigen!"

„Wirklich? Einfach so?", fragte Sonja.

„Pah", machte Krümel. „Da kennst du meinen großen Bruder aber schlecht! Ich musste ihm dafür versprechen, für ihn abends mit dem Hund rauszugehen. Er hat nämlich neuerdings eine Freundin. Mit der geht er lieber als mit dem Hund."

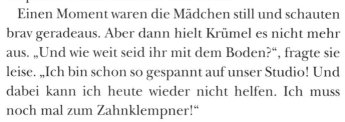

Beide Mädchen kicherten.

„Sabine! Sonja!" Frau Rehbein klopfte mit dem Buch auf den Tisch.

Einen Moment waren die Mädchen still und schauten brav geradeaus. Aber dann hielt Krümel es nicht mehr aus. „Und wie weit seid ihr mit dem Boden?", fragte sie leise. „Ich bin schon so gespannt auf unser Studio! Und dabei kann ich heute wieder nicht helfen. Ich muss noch mal zum Zahnklempner!"

„Macht nichts! Wir müssen eigentlich nur noch sauber machen!"

„Und? Wie ist es geworden?"

„Super! Einfach super!"

„Sabine und Sonja!", rief Frau Rehbein. „Wenn ihr weiterschwatzt, setze ich euch auseinander!"

Da Frau Rehbein zu den Lehrerinnen gehörte, die ihre Drohungen auch wahr machten, musste man vorsichtig sein. Deshalb schob Krümel Sonja einen Zettel zu. *Morgen ist Sonnabend. Da komme ich ganz bestimmt! Versprochen!*, stand darauf.

Sonja nickte. Sie konnten mit dem Saubermachen auch genauso gut bis morgen warten. Drei Leute waren dafür allemal besser als zwei. Besonders, wenn einer davon Axel Jakobi hieß!

Zu Sonjas großer Verwunderung wollte Axel aber gleich an diesem Nachmittag das Studio sauber machen. Mit oder ohne Krümels Hilfe. Er wartete nicht einmal auf Sonja. Als sie später nach oben lief, kam Axel ihr auf der Treppe laut schimpfend entgegen.

„Was ist denn los?", fragte Sonja.

„Ach, so ein Krampf! Ich schleppe den Staubsauger drei Treppen rauf und jetzt gibt es hier nicht einmal eine Steckdose!"

„Dann müssen wir eben fegen!", meinte Sonja.

„Ha, ha. Darauf wäre ich allein nie gekommen. Was glaubst du wohl, was ich gerade holen will?"

„Einen Besen", sagte Sonja. „Kluges Kerlchen. Dann bring auch gleich einen Eimer mit. Oder noch besser, einen Müllsack."

Axel streckte ihr die Zunge heraus, machte sich aber auf den Weg nach unten.

Sonja sah sich inzwischen um. Ja, das würde ein prima Musikstudio abgeben! Nur blöd, dass man den Müll im hinteren Raumteil sah, dachte sie. Aber halt, waren da in der Truhe nicht jede Menge Stoffe gewesen? Daraus ließe sich bestimmt ein Vorhang machen, um den Raum damit abzuteilen. Man brauchte ihn nur an dem Mittelbalken zu befestigen.

Die Truhe stand immer noch mitten im Raum. Sonja klappte den Deckel auf und ihr erster Blick fiel auf das rote Lederbändchen. Theas Tagebuch. Sonja hatte es inzwischen ganz vergessen. Jetzt griff sie wieder danach

und blätterte ein wenig darin herum. Es war eine zierliche Handschrift. Etwas steil und leicht nach links gekippt. Die Schreiberin musste einen Füllfederhalter benutzt haben. Aber wer war bloß diese Thea? Sie musste Papa danach fragen. Er würde es wissen.

Sonja schlug wahllos eine Seite auf. Die Schrift machte ihr Mühe. Nur mit Anstrengung gelang es ihr, sie zu entziffern. Sie las:

17. Februar

Heute ist wieder ein Flüchtlingstreck bei uns eingetroffen. Wir sind schon bis unter das Dach belegt. Aber ich habe trotzdem eine weitere Familie aufgenommen. Eine junge Frau mit drei kleinen Kindern. Ein Junge und zwei Mädchen. Ich habe ihnen Maxens Zimmer gegeben. Eigentlich wollte ich es für ihn freihalten. Aber der Kachelofen dort zieht am besten. Der kleine Junge fiebert. Wir werden ihn schon wieder aufpäppeln. Gut, dass ich genügend Holundersaft eingemacht habe. Hoffentlich ist dieser schreckliche Krieg bald zu Ende!

Flüchtlinge. Krieg. Welcher Krieg war hier gemeint?, überlegte Sonja. Der letzte? Oder der vorletzte? Eine Jahreszahl hatte Thea nicht angegeben. Nur den Tag und den Monat. Vielleicht gab es auf einer der nächsten Seiten einen Hinweis auf das Jahr. Sonja blätterte weiter.

28. Februar
Heute mussten wir wieder eine Ulme fällen. Schade drum, aber das Brennholz geht zur Neige. Es ist der kälteste Winter seit Langem. Wir halten uns alle fast nur noch in der Küche auf. Wenigstens sind die Kinder wohlauf. Und gottlob haben wir noch reichlich Kartoffeln. Aber wenn der Boden aufgetaut ist, werde ich im Park einen Gemüsegarten anlegen. Es gibt eine Menge Mäuler zu stopfen. Ich sorge mich um Max. Seit zwei Wochen kein Lebenszeichen von ihm.

Wer war Max?, fragte sich Sonja. Und wo war er, dass er kein Lebenszeichen von sich gab? Bestimmt kämpfte er im Krieg. Sonja hatte einige Schwierigkeiten, die Handschrift zu lesen. Manchmal war sie etwas zitterig. So, als wenn Thea im Bett geschrieben hätte. Manchmal waren die Eintragungen auch nur kurz, manchmal dagegen sehr ausführlich. Und immer kam Max darin vor. Und Theas Sorge um ihn. Sonja überschlug ein paar Seiten.

24. März
Wir müssen jetzt damit rechnen, von fremden Truppen besetzt zu werden. Wir haben die Bombenangriffe überstanden, wir werden auch das überstehen. Aber ich will nicht, dass unser kostbarer Familienschatz in fremde Hände fällt. Nicht in die Hände der Amerikaner und nicht in die Hände der Russen. Ich muss ihn für Max erhalten. Karl hätte es so gewollt. Es war sein Hochzeitsgeschenk an mich. Ich werde den Schatz verstecken. Es muss ein gutes Versteck sein. Ein todsicheres Versteck. Ich muss darüber nachdenken.

Ein Schatz? Ein Familienschatz? Jetzt war Sonjas Neugierde endgültig geweckt. Sie las weiter.

25. März
Ich habe die ganze Nacht wach gelegen und über ein gutes Versteck nachgedacht. Und dann bin ich darauf gekommen. Ich werde den Schatz nicht im Haus verstecken, sondern im Garten. Das ist sicherer. Nur darf keiner davon erfahren. Es trifft sich gut, dass ich Beete angelegt habe. Da fällt es keinem auf, wenn ich mich im Garten zu schaffen mache. Trotzdem ist es besser, zu warten, bis ich alleine bin. Vielleicht klappt es am Markttag, wenn die anderen fort sind.

„Was machst du denn da?", rief Axel, der mit Besen, Schaufel und Eimer hereingepoltert kam. Sonja antwortete nicht gleich.

„He! Was machst du da? Hilf mir lieber!", verlangte Axel.

„Hör dir das an!" Sonja hielt Theas Tagebuch hoch.

„Mann, schon wieder das blöde Tagebuch! Wir haben was Besseres zu tun!"

„Hör doch mal zu, Axel, das ist total irre!"

„Wenn hier was irre ist, bist du es", schimpfte Axel. „Ich schleppe mich ab wie ein Maulesel und du sitzt da gemütlich herum und liest!"

„Sie hat einen Schatz versteckt", sagte Sonja.

„Wer? Was für einen Schatz? Wovon redest du eigentlich?", wollte Axel wissen.

„Thea!", sagte Sonja. „Die Thea, die dieses Tagebuch geschrieben hat. Sie hat im Krieg einen Schatz versteckt!"

„Was für einen Schatz denn?" Jetzt war Axel doch neugierig.

„Weiß ich noch nicht", sagte Sonja. „Ein Familienschatz, schreibt sie. Jedenfalls muss es etwas sehr Wertvolles gewesen sein. Sie wollte nicht, dass er in die Hände der Besatzer, der Amerikaner oder Russen, fällt!"

„Ein Schatz, mich laust der Affe! Und wo hat sie ihn versteckt?"

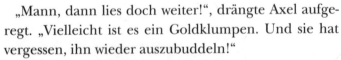

„Im Garten."

„Und wo da genau?"

„Weiß ich noch nicht! Ich muss doch erst weiterlesen!"

„Mann, dann lies doch weiter!", drängte Axel aufgeregt. „Vielleicht ist es ein Goldklumpen. Und sie hat vergessen, ihn wieder auszubuddeln!"

Sonja lachte. „Du spinnst ja, so etwas vergisst man doch nicht."

„Aber wenn nun doch!" Axel blieb unbeirrt. „Stell dir mal vor, wir finden den Schatz, das wäre doch oberaffeng …"

„Stopp!", rief Sonja. „Du weißt genau, Mama kann das Wort nicht leiden."

„Okay, dann eben oberaffengurkig."

„Gibt es nicht!"

„Ab sofort doch! Oberaffenmegagigagurkig!"

Sonja schüttelte nur den Kopf und blätterte weiter. Aber auf keiner der folgenden Seiten fand sich ein weiterer Hinweis auf den Schatz. Thea erwähnte ihn einfach nicht mehr.

Sonja ließ das Tagebuch fallen. „Mir tun schon die Augen weh", sagte sie. „Wahrscheinlich hat sie ihren Plan, den Schatz zu vergraben, wieder aufgegeben."

„Und die Feinde haben den Goldklumpen gekriegt!", rief Axel. „So eine Gemeinheit!"

„Nun krieg dich mal wieder ein", sagte Sonja. „Goldklumpen gibt es sowieso nur im Märchen. Außerdem ist das doch schon alles so lange her."

„Na und?" Axel gab so schnell nicht auf. „Den Schatz könnte es trotzdem noch geben. Wir brauchen ja noch niemandem etwas davon zu erzählen. Nicht, bevor du weitergelesen hast in dem komischen Buch."

„Okay", sagte Sonja. „Ich nehme es nachher mit nach unten und lese heute Abend im Bett darin weiter. Vielleicht finde ich ja noch etwas heraus! Wollen wir jetzt sauber machen?"

„Jetzt noch?", fragte Axel lustlos.

Sonja kicherte. „Du bist genau, was man sich unter einem echten Saubermann vorstellt! Aber ich habe jetzt auch keine Lust mehr zum Putzen. Außerdem steht die Truhe ja immer noch im Weg!"

Die Urugroßmutter

„Hilfst du uns heute, auf dem Boden ein paar schwere Sachen wegzuräumen?", fragte Sonja ihren Vater am Sonnabendmorgen.

„Ausgerechnet heute?"

„Heute ist doch ein idealer Tag zum Räumen", warf Frau Jakobi ein.

„Wir brauchen auch endlich richtiges Licht da oben!", rief Axel.

„Das ist kein Problem für Papa", versicherte die Mutter. „Er kann es auch kaum erwarten, mit euch auf den Boden zu klettern, nicht wahr, Bernd?"

„Hm", machte der Vater. Es klang nicht gerade begeistert. Trotzdem hievte er sich aus seinem gemütlichen Ohrensessel und machte sich auf die Suche nach dem Werkzeugkasten. Anschließend war von den dreien nichts mehr zu sehen und zu hören.

Gegen Mittag stieg Frau Jakobi selbst nach oben auf den Dachboden – und erlebte eine Überraschung: Von dem wilden Durcheinander war nichts mehr zu sehen. Der Bodenraum wurde jetzt von einem Vorhang aus bunt zusammengewürfelten Stoffresten in zwei Hälften geteilt. Während sich in dem hinteren Teil der ganze alte Krempel verbarg, hatte sich der vordere in eine gemütliche Räuberhöhle verwandelt.

Ein abgeschabter, aber immer noch farbenprächtiger Teppich bedeckte die rohen Holzdielen. Darauf lagen verstreut lose Sitzkissen einer ausrangierten Plüschgarnitur. Für Licht sorgten zwei tief hängende Gartenlaternen. Der Clou aber war das alte Grammofon. Mit blitzblank geputztem Trichter prangte es auf einem alten Klavierhocker.

„Wie gefällt es dir, Mama?", riefen Sonja und Axel fast gleichzeitig.

„Fantastisch!", antwortete Frau Jakobi. „Nicht zu glauben, was ihr aus dem Raum gemacht habt. Jetzt muss es wirklich Spaß machen, hier zu spielen!"

„Ja, wenn Sonja ein Instrument hätte", sagte Axel.

„Am liebsten hätte ich ein …", begann Sonja.

„… ein Klavier!", unterbrach sie der Vater. „Aber das geht nun mal leider nicht. Zu teuer! Außerdem, wie sollten wir hier wohl ein Klavier heraufschaffen? Über die schmale Stiege und durch die kleine Tür?"

Sonja zuckte die Achseln.

„Nun lass mal nicht gleich den Kopf hängen", tröstete sie der Vater. „Axel hat auch schon gesagt, du könntest doch singen."

„Bleibt mir wohl nichts anderes übrig", maulte Sonja. „Aber das sag ich euch. Wenn ich singe, wird man von deiner Trommelei nichts mehr hören."

„Nur zu!", rief die Mutter. „Der Boden ist jetzt der ideale Raum dafür!"

Der Vater zwinkerte ihr zu. „Und man wird davon unten keinen Ton hören."

„Das muss gefeiert werden!", rief die Mutter. „Ich habe alles dabei!"

Sie verteilte Pappbecher und bald hockten alle vier im Schneidersitz auf den Polstern, knabberten Salzstangen und stießen mit Limonade auf das neue Studio an.

„Wer war eigentlich Thea?", fragte Sonja. Ihr fiel das Tagebuch plötzlich wieder ein.

„Thea? Was für eine Thea?", wunderte sich der Vater.

„Thea Jakobi. Der Name steht in den alten Büchern, die wir in der Truhe gefunden haben."

„Ach so, die Thea meinst du!" Jetzt erinnerte sich der Vater wieder. „Das war meine Urgroßmutter! Eure Ururgroßmutter!"

„Eine Familienlegende!", warf die Mutter ein. „War das nicht die, von der immer erzählt wird, sie sei aus Freude gestorben?"

„Stimmt", bestätigte der Vater.

„Wie kann man denn aus Freude sterben, Papa?", wunderte sich Sonja.

„Warst du dabei?", fragte Axel.

„Nein, natürlich nicht! Thea ist kurz nach dem Kriegsende gestorben. Da war ich noch gar nicht auf der Welt. Aber man hat mir als Kind oft von Thea erzählt."

„Ich sag ja, eine richtige Legende", wiederholte die Mutter.

„Erzähl uns von ihr", verlangte Sonja. „Wir möchten auch etwas über sie erfahren."

„Es ist aber keine lustige Geschichte", wandte der Vater ein.

„Macht nichts", entschied Axel. „Ist doch schon eine Ewigkeit her."

„Also gut!" Herr Jakobi nahm noch einen großen Schluck Limonade. „Thea Jakobi", begann er, „kam um die Jahrhundertwende in die Stadt. Ihre Eltern waren beide an der Schwindsucht gestorben, was damals keine Seltenheit war. Thea war mittellos und musste sich eine Stellung im Haushalt suchen. Sie soll übrigens eine Schönheit gewesen sein. Irgendwo muss es noch Fotografien von ihr geben. Ich suche sie bei Gelegenheit mal für euch heraus. Auf jeden Fall verliebte sich mein Urgroßvater, Karl Jakobi, in Thea und heiratete sie. Er baute ihr dieses Haus hier. Mit einem riesigen Park rundherum. Der ganze Hügel, auf dem jetzt die Siedlung steht, gehörte nämlich damals ihm."

„Und dann?", fragte Axel.

„Ja, dann kam der Erste Weltkrieg. Der Urgroßvater wurde eingezogen und kam nicht wieder aus dem Krieg zurück. Und nun saß Thea wieder mittellos da. Mit

einem kleinen Sohn und einem großen Haus. Damals war es nicht leicht für eine Frau, Geld zu verdienen."

„Wenn sie so schön war, hätte sie doch einfach wieder heiraten können. Einen reichen Mann!", rief Sonja.

Der Vater schüttelte den Kopf. „Sie hat nicht wieder geheiratet, sondern aus dem Haus eine Art Pension gemacht. Es heißt, sie hat hauptsächlich in Not geratene junge Frauen bei sich aufgenommen, die ihre Miete nicht bezahlen konnten. Deshalb musste sie nach und nach Land verkaufen."

„Und wie ging es weiter?", fragte Axel.

„Dann kam der Zweite Weltkrieg", sagte der Vater. „Diesmal war es Theas Sohn, der eingezogen wurde. Ihr einziger Sohn."

„Wie hieß der?", fragte Sonja.

„Max."

Axel wollte etwas sagen, aber Sonja stieß ihn schnell mit dem Ellenbogen an.

„Thea machte das Haus während des Zweiten Weltkriegs wieder zu einer Zuflucht für Notleidende", fuhr der Vater fort. „Sie nahm Ausgebombte und Flüchtlinge bei sich auf. Vor allem Kinder, die in den Kriegswirren ihre Eltern verloren hatten. Sie soll Dutzende von Waisen betreut haben."

„Wie die Leute, die verlaufene Hunde und Katzen aufnehmen?", fragte Axel.

Der Vater lachte. „So ungefähr, ja!"

„Und was war mit Max?", wollte Sonja wissen.

„Max, ihr Sohn, war wie gesagt im Krieg. Er galt als vermisst. Keiner glaubte, dass er wieder nach Hause kommen würde. Nur Thea glaubte fest daran. Ja, und eines Tages, der Krieg war eben vorbei, stand Max plötzlich vor der Tür."

„Und?", rief Sonja gespannt.

„Jetzt kommt der traurige Teil: Thea sah ihn und bekam einen Herzschlag. Der Schock war einfach zu groß gewesen."

„Mann!", sagte Axel.

„Und deshalb heißt es in der Familie", beendete der Vater seinen Bericht, „Thea ist aus Freude gestorben."

„Wie traurig", sagte Sonja.

„Na, sie hat doch ihren Max wiedergesehen", sagte Axel.

„Aber doch nur für einen Moment!", rief Sonja.

„Was ist denn aus Max geworden?", fragte Axel.

„Aus Max? Na, der Vater von meinem Vater, also mein Großvater und euer …"

„Urgroßvater!", rief Sonja.

„Genau!" Der Vater griff nach seinem Werkzeugkasten. „So viel zur Familiengeschichte. Ich gehe jetzt wieder nach unten. Kommst du mit, Inga?"

Die Eltern hatten die Tür kaum hinter sich geschlossen, da rief Sonja aufgeregt: „Ist dir was aufgefallen, Axel?"

„Was denn?"

„Na, die Sache mit Max!"

„Der ist wiedergekommen und Thea ist gestorben, das war natürlich traurig. Na und?"

„Und! Und! Raffst du das denn nicht?"

Axel sah seine Schwester ratlos an.

Die tippte sich an die Stirn: „Überleg doch mal, Mopskopf: Thea hat geschrieben, dass sie den Schatz für Max aufhebt, dass er der Erbe ist und dass sie ihn erst wieder aus dem Versteck holt, wenn er wieder da ist. Weil nur er ihn haben sollte. Wenn sie nun aber genau in dem Augenblick gestorben ist, als ihr Max in der Tür stand, dann konnte sie ihm den Schatz gar nicht mehr geben. Und das heißt ... na?"

„... dass er noch da ist, Mann!"

„Natürlich nur, wenn sie ihn wirklich vergraben hat. Und wenn es überhaupt einen Schatz gibt", gab Sonja zu bedenken.

„Wow!", machte Axel. „Hast du denn immer noch nicht in dem Tagebuch gefunden, wo sie ihn verbuddelt hat?"

„Noch nicht!"

„Warum liest du denn nicht endlich weiter?"

„Ich glaube, mein Schwein pfeift! Wer hat denn zuerst gesagt, ich bin irre, weil ich in dem Tagebuch lese?"

„Jetzt ist das doch ganz was anderes!"

„Stimmt! Ich werde es schon noch herauskriegen. Jetzt lass uns erst mal runtergehen. Ich habe einen Bärenhunger."

Zweimal zwölf Schritte

Sonja und Axel machten es sich nach dem Mittagessen auf den Kissen in ihrem neuen Musikstudio bequem. Während Axel auf seine Trommeln einschlug, nahm sich Sonja wieder das Tagebuch vor.

Jetzt, nachdem Papa ihnen von Thea erzählt hatte, kam es Sonja so vor, als würde sie die Urururgroßmutter schon lange kennen. Auch was Thea über den Krieg, die Flüchtlinge und die Kinder schrieb, verstand sie nun viel besser. Nur ihre Handschrift machte ihr immer noch Schwierigkeiten. Aber Sonja ließ sich dadurch nicht entmutigen. Sie war fest entschlossen herauszufinden, ob es diesen Familienschatz tatsächlich gab. Und wenn es ihn gab, wo er versteckt war. Vielleicht war es ja tatsächlich ein Goldklumpen, wie Axel glaubte. Das wäre einfach toll! Dann könnten die Eltern endlich alles reparieren lassen, was in dem alten Haus nicht mehr funktionierte. Vielleicht wäre dann sogar ein Klavier für sie drin. Und für Axel ein richtiges Schlagzeug.

Sonja hatte sich die Stelle im Tagebuch markiert, bis zu der sie beim letzten Mal gekommen war. Sie las weiter, immer auf der Suche nach einem Hinweis auf den Schatz. Aber Thea berichtete wieder nur von den Kindern, ihren Krankheiten, von der Schwierigkeit, alle satt zu bekommen, von der Kälte und dem Mangel an Kohlen. Und von ihrer Sorge um Max, der im Krieg vermisst wurde.

Irgendwie kam es Sonja merkwürdig vor, dass sie jetzt mehr über Theas Schicksal wusste als die Tagebuchschreiberin selbst. Sie las weiter und plötzlich fand sie eine Eintragung, die sie Axel gleich laut vorlesen musste. Der ließ seine Trommeln Trommeln sein und hörte gespannt zu:

1. April
Ich glaube, ich habe jetzt die ideale Stelle im Garten gefunden. Es ist kein gutes Gefühl, ein so kostbares Erbstück in der Erde zu versenken, aber es muss sein. Ich werde den Holzkasten gut in Ölpapier einwickeln. Im Haus wäre unser Schatz nicht sicher. Es kann immer noch Bombenangriffe geben. Noch ist der schreckliche Krieg ja nicht zu Ende. Ich muss es jetzt bald tun, denn ...

Der Rest war unleserlich.

Axel hüpfte vor Aufregung von einem Bein auf das andere. „Sie hat den Schatz vergraben! Sie hat ihn tatsächlich vergraben! Jetzt müssen wir nur noch wissen, wo! Lies weiter, Sonny, mach schon!"

„Ich bin ja dabei", antwortete Sonja. Sie blätterte weiter, aber die nächsten Seiten ergaben nichts. Wahrscheinlich hatte Thea doch nicht so bald Gelegenheit gehabt, den Schatz unbemerkt zu vergraben. Doch dann kam es:

16. April
Ich habe es heute getan. Ich war allein zu Hause. Die Frauen hatten sich nach Fisch angestellt. Sonst brauchte ich niemanden zu fürchten. Es hat Vorteile, wenn man einen großen Garten hat und keine direkten Nachbarn! Ich habe ein Loch von zwei Spaten Tiefe gegraben.

„Und wo genau? Schreibt sie, wo?", rief Axel ungeduldig.

„Nun warte doch mal ab!", sagte Sonja. „Hier steht es ja!"

„Lies! Lies!"

„Ja, zum Donner! Gerade hier hat Thea so gekritzelt. Warte mal, ja, jetzt hab ich es!"

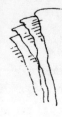

*Natürlich kann ich die Stelle jederzeit wiederfinden.
Ich brauche mir keine Zeichnung zu machen.*

„Oh nein!", rief Axel enttäuscht. „Sie hat sich keine Zeichnung gemacht. Ohne Zeichnung finden wir die richtige Stelle nie!"

„Nun krieg dich wieder ein, Axel!", sagte Sonja. „Es geht ja noch weiter!"

*Ich habe große Schritte gemacht. Ein-Meter-Schritte.
Von der Hausecke zwölf geradeaus. Dann habe ich mich
nach links umgedreht und wieder zwölf Schritte geradeaus gemacht. Dort habe ich das Loch gegraben. Es liegt
genau zwischen der Zeder und der Ulme. Es ist im
Grunde leicht zu behalten. Aber wer weiß, wann ich den
Schatz wieder herausholen kann. Erst, wenn mein Max
wieder da ist! Keine zehn Pferde bekommen mich dazu,
es vorher zu tun. Der Krieg kann jetzt nicht mehr ewig
dauern. Und Max wird wiederkommen. Ich glaube ganz
fest daran.*

„Ulme?", überlegte Axel. „Ulmen kenne ich. So einen Baum haben wir gar nicht im Garten."

„Mensch, Axel, das ist schließlich über fünfzig Jahre her!"

„Und eine Zeder? Was ist überhaupt eine Zeder?"

„Na, so eine bläuliche Tanne. Haben wir aber auch nicht."

„Und nun?"

„Und nun, und nun!" Sonja schlug das Tagebuch zu. „Nun haben wir immer noch Theas andere Angaben. Die Bäume sind doch nicht so wichtig. Eines ist jedenfalls klar: Es gibt den Schatz! Und nach allem, was Papa uns von Thea erzählt hat, hat sie ihn nicht wieder ausgegraben."

„Worauf warten wir denn noch?", rief Axel.

„Auf gar nichts!", antwortete Sonja. „Komm!"

Die beiden sausten die Treppen hinunter und hinaus in den Garten. Axel wollte einen Spaten aus dem Geräteschuppen holen, aber Sonja war dafür, erst einmal die richtige Stelle im Garten zu suchen und sie mit einem Stein zu markieren. Es würde nur auffallen, wenn sie längere Zeit mit einem Spaten herumliefen.

Axel sah das schließlich ein. Doch wo war die richtige Stelle? Unschlüssig blieben die Kinder an der Vorderseite des Hauses stehen. Zwölf Schritte geradeaus von der Hausecke, hatte Thea geschrieben. Alles schön und gut, aber welche Hausecke hatte sie gemeint? Die linke oder die rechte? Sonja war für die linke Hausecke. Axel für die rechte. Sonja gab nach.

Axel stellte sich mit dem Rücken zur Ecke und ging los. Doch Sonja protestierte: „Deine Schritte sind viel zu klein. Da stand etwas von Ein-Meter-Schritten!"

„Okay, fang ich eben noch mal an." Axel ging zurück, bis er wieder mit dem Rücken die Hauswand berührte. Dann begann er noch einmal auszuschreiten. Diesmal mit ganz großen Schritten. Zwölf Schritte geradeaus. Dann drehte er sich nach links um und machte, genau wie Thea geschrieben hatte, wieder zwölf Schritte – und stand mitten auf dem Kiesweg. Dem breiten Weg, der von der Straßenpforte zum Haus führte.

„Da siehst du es!", rief Sonja. „Die rechte Hausecke kann einfach nicht stimmen. Thea wird den Schatz ja wohl kaum unter dem Weg vergraben haben."

„Und wenn der Weg früher noch nicht da war?"

„Bestimmt war er das!", widersprach Sonja. „Er führt doch genau zu dem alten Eingang. Und der ist sicher von Anfang an da gewesen. Guck dir doch nur die Treppe mit den Steinkugeln an. So etwas Altmodisches gibt es doch heute gar nicht mehr!"

„Dann müssen wir es eben auf der anderen Seite versuchen!", rief Axel und lief schon zur linken Hausecke.

„Aber diesmal probiere ich es!", entschied Sonja und wiederholte genau, was Axel auf der anderen Hausseite gemacht hatte: zwölf Schritte geradeaus, dann drehte sie sich nach links. Doch bei ihrem neunten Schritt stieß sie mit dem Fuß gegen einen Baumstamm. Den Stamm einer großen Eiche.

„So ein Mist!", schimpfte Axel. „Wenn der Schatz hier vergraben ist, kommen wir nie daran. Es sei denn, der Baum wird gefällt."

„Na Mahlzeit!" Sonja kickte mit der Fußspitze einen Zweig beiseite. „Du glaubst doch nicht, dass Papa das jemals zulässt? Der stellt sich doch bei allem, was grün ist, total pingelig an. Und wenn es ein Grashalm ist."

„Bei einem Schatz macht er vielleicht eine Ausnahme", meinte Axel. „Wir müssen jetzt eben doch Mama und Papa von der ganzen Sache erzählen."

Aber Sonja war dagegen. Zuerst wollte sie noch einmal alles genau in dem Tagebuch nachlesen. Vielleicht hatten sie etwas übersehen. Oder nur falsch verstanden. „Mama und Papa können wir immer noch einweihen", sagte sie.

„Wenn du meinst", antwortete Axel mürrisch. Seine Laune war verdorben. Er hatte fest damit gerechnet, den Schatz sofort zu finden. Und nun diese Pleite! Glücklicherweise ging in diesem Moment die Gartenpforte auf.

„He, guck mal, wer da kommt!", rief Sonja.

„Deine Superfreundin Krümel. Frag die doch mal, was wir jetzt tun sollen. Die ist doch so eine Intelligenzbestie."

„Heißt das, du bist einverstanden, dass wir Krümel von dem Schatz erzählen?", fragte Sonja schnell.

„Warum nicht? Krümel ist okay."

Inzwischen war Sonjas Freundin herangekommen. Sie hielt eine Gitarre in den Händen, die sie übermütig über ihrem Kopf schwang.

„Hi, Leute!", rief sie. „Da bin ich! Mit Gitarre!" Krümel probierte ein paar Griffe, gab es jedoch gleich wieder auf. Dann stutzte sie. „Aber was macht ihr denn hier im Garten? Ich dachte, ihr hockt jetzt nur noch oben, in dem neuen Studio."

„Das erzählen wir dir gleich", sagte Sonja. Sie nahm Krümels Hand und zog sie mit sich ins Haus.

Die falsche Spur

„Toll! Einfach toll!" Krümel klatschte in die Hände. Sie wollte ihr Urteil über das Studio noch mit einem Pfiff unterstreichen. Wegen der Zahnklammer kam nur ein Zischen dabei heraus. Es war aber trotzdem klar, dass sie begeistert war.

Sie hüpfte von einer Ecke in die andere, guckte hinter den Vorhang und probierte jedes einzelne Kissen auf dem Fußboden aus. Natürlich wäre sie

auch gern auf den verbotenen Turm geklettert. Weil das nicht ging, versuchte sie, sich wenigstens aus einer der Dachluken hinauszulehnen. Dann entdeckte sie das alte Grammofon.

„Gibt es keine Platten dazu?",
wollte sie wissen.

„Gibt es", sagte Axel.

„Wir haben sie nur noch nicht gefunden", ergänzte Sonja.

Krümel wollte sich sofort auf die Suche machen. Aber Sonja klopfte mit der Hand auf das Kissen neben sich. „Setz dich erst mal wieder, Krümel", sagte sie. „Wir müssen dir nämlich etwas erzählen."

„Etwas irre Wichtiges!", fügte Axel hinzu.

„Was denn? Ich habe mir überlegt, ich lasse mir zu Weihnachten von meinen Eltern Gitarrenunterricht schenken. Wie findet ihr das?", redete Krümel unbekümmert weiter.

„Es gibt einen Schatz hier!", platzte Axel heraus.

„Was sagst du da?", fragte Krümel. „Einen Schatz? Hier im Schloss?"

„Im Garten!", sagte Sonja.

„Wirklich?" Krümels Neugierde war geweckt. „Was für ein Schatz denn?"

„Wahrscheinlich ein Goldklumpen!", sagte Axel.

„Ach, das wissen wir doch gar nicht so genau", berichtigte ihn Sonja. „Was wir wissen, ist, dass es sich um etwas sehr, sehr Wertvolles handelt. Ein Familienerbstück, das unsere Ururgroßmutter im Garten vergraben hat. Im letzten Krieg."

„Sie wollte nicht, dass es die Fremden kriegen", warf Axel dazwischen.

„Ich glaube, mein Hamster bohnert! Woher wisst ihr denn das alles?"

„Als wir hier aufgeräumt haben, haben wir zwischen all dem Krempel ein Tagebuch gefunden. Von unserer Urururgroßmutter Thea Jakobi. Hier, guck mal!" Sonja hielt Krümel das rote Lederbändchen hin.

Krümel schlug es gespannt auf, klappte es aber gleich wieder zu. „Das kann ich nicht lesen. Ist ja das totale Gekrakel!"

„Aber Sonja kann die Schrift lesen. Sie hat alles herausgefunden!", sagte Axel.

„Ich werd nicht wieder!", rief Krümel. „Heißt das, in diesem Tagebuch von eurer Urgroßmutter …"

„Urururgroßmutter", berichtigte Sonja.

„Okay, von eurer Ururgroßmutter. Also da steht, dass sie im Krieg einen Schatz im Garten vergraben hat. Aber ihr wisst nicht, was es ist?"

Sonja und Axel nickten.

„Und schreibt sie auch, wo sie den geheimnisvollen Schatz im Garten vergraben hat?"

„Ja", erwiderte Sonja. „Aber da gibt es ein Problem."

Und Sonja berichtete von Theas Tagebuchaufzeichnungen und wie sie versucht hatten, den Schatz zu finden.

„Und?", fragte Krümel eifrig.

„Alles Asche!", sagte Axel. „Einmal standen wir mitten auf dem Kiesweg, wo Thea den Schatz ganz bestimmt nicht vergraben hat."

„Und das andere Mal trafen wir genau auf den Stamm der großen Eiche", setzte Sonja den Bericht fort. „Und die Eiche können wir ja schlecht ausbuddeln."

„Da ist der Schatz auch garantiert nicht!", sagte Krümel entschieden.

„Und warum nicht?", wollten die beiden anderen wissen.

„Na, überlegt doch mal: Entweder war der Baum damals schon da und dann konnte eure Ururgroßmutter an der Stelle kein Loch graben. Oder aber, der Baum wurde später gepflanzt und dann hätte der, der ihn gepflanzt hat, beim Lochbuddeln den Schatz ja gefunden – und bestimmt nicht in der Erde gelassen! Ist doch logisch, oder?"

„Logisch!", bestätigte Axel. „Aber wo sollen wir denn noch suchen?"

„Seid ihr denn wirklich sicher, dass nicht schon ein anderer den Schatz gesucht und auch gefunden hat? Wahrscheinlich hat eure Ururgroßmutter ihn selber wieder ausgegraben."

Aber das konnten Sonja und Axel ausschließen. Thea hatte ja keine Gelegenheit mehr dazu gehabt.

„Trotzdem", sagte Krümel. „Ich kann mir einfach nicht vorstellen, dass der Schatz immer noch in der Erde liegt. Wenn es wirklich so ein wertvolles Dingsbums gewesen ist, dann muss doch die ganze Familie davon gewusst haben. Und natürlich haben sie dann auch danach gesucht und ihn längst ausgebuddelt. Habt ihr irgendetwas Wertvolles zu Hause? Etwas, das der Schatz sein könnte?"

Weder Sonja noch Axel fiel etwas ein.

„Wir haben überhaupt nichts Wertvolles. Nur alten Murks", sagte Axel.

„Es könnte ja auch etwas sein, das nur für die Erwachsenen wertvoll ist", gab Krümel zu bedenken. „Erwachsene sind manchmal komisch. Die finden die merkwürdigsten Sachen toll. An eurer Stelle würde ich eure Eltern mal ein bisschen aushorchen."

„Keine schlechte Idee!", meinte Sonja.

„Dann versucht doch auch gleich herauszubekommen, wann die Eiche gepflanzt worden ist. Ob vor oder nach eurer Ururgroßmutter", riet Krümel. „Ich muss jetzt aber nach Hause. Wir sehen uns morgen, okay?"

Bevor Sonja antworten konnte, war Krümel schon aufgesprungen und aus der Tür. Achselzuckend legte Sonja Theas Tagebuch zur Seite. Heute würden sie den Schatz nicht mehr finden, das war klar.

Ein neuer Plan

„Sind wir reich, Mama?" Axel hielt die Kuchenschüssel, in der die Mutter rührte. Er half Mama gerne beim Backen. Nicht nur, weil er hinterher die Schüssel auslecken durfte. Axel gefiel es in der Küche. Ganz im Gegensatz zu Sonja, die sich immer gleich verkrümelte.

„Reich? Wir?", fragte Frau Jakobi verwundert. „Wie kommst du denn darauf?"

„Na, wir haben doch dieses große Haus."

„Ja, die Bruchbude, die haben wir. Und die frisst uns die Haare vom Kopf!"

„Aber Mama, ein Haus kann doch nicht fressen!"

„Nein, natürlich nicht. Das sagt man nur so. Aber die vielen Reparaturen an diesem alten Haus sind wirklich nicht ohne."

Ich habe es ganz verkehrt angefangen, dachte Axel. Ich muss anders fragen, wenn ich herausbekommen will, ob die Eltern Theas Schatz besitzen.

Vielleicht war es ein Bild von einem berühmten Maler. Einem, der schon eine Ewigkeit tot war! Axel überlegte, ob irgendwo in der Bruchbude so ein Bild an der Wand hing. Es fiel ihm keins ein.

Vielleicht bestand der Schatz ja auch aus einem faustgroßen Edelstein. Und weil jeder, der ihn berührte, sterben musste, wurde er in einem Banksafe aufbewahrt. Axel hatte einmal so einen Fernsehfilm gesehen, der von solch einem gefährlichen Diamanten handelte.

Oder der Schatz war ein Buch. So ein dicker Wälzer aus uralter Zeit, gespickt mit geheimen Zauberformeln.

„Besitzen wir irgendetwas Kostbares?", fragte Axel jetzt.

„Ja", antwortete Mama und lachte. „Dich und Sonja!"

„Ach, nun sei doch mal ernst, Mama! Ich meine doch keine Menschen, sondern eine kostbare Sache!"

„Siehst du hier irgendwo etwas Kostbares? Außer meinem neuen Herd natürlich?", fragte die Mutter. „Nein, wir besitzen nichts wirklich Kostbares. Aber wir haben alles, was wir brauchen, stimmt's?"

„Hm. Aber möchtest du denn nicht manchmal ganz viel Geld haben oder so?", wollte Axel wissen.

„Na ja, es würde mich jedenfalls nicht stören. Vielleicht gewinne ich ja mal etwas im Lotto."

„Du spielst doch nie Lotto", wandte Axel ein. „Aber angenommen, du findest einen Goldklumpen?"

„Ein Goldklumpen wäre mir auch recht", sagte die Mutter. „Dann könnten wir endlich das Dach reparieren lassen!"

„Und Papa könnte sich das Segelboot kaufen, von dem er immer erzählt!"

„Und ich mir ein Jahresabonnement für die Oper!"

„Und Sonja bekäme ein Klavier und ich ein richtiges Schlagzeug!"

„Nun ist aber Schluss mit dem Blödsinn!", sagte die Mutter. „Hier, du kannst die Schüssel auslecken."

In der Kuchenschüssel war kaum noch Teig. Trotzdem hatte sich das Helfen für Axel gelohnt. Er wusste jetzt, was er wissen wollte: Die Eltern hatten Theas Schatz nicht. Also musste er immer noch im Garten sein. Sicher vergraben. Axel war mit sich zufrieden.

Das hätten Sonja und Krümel auch nicht besser gemacht!

Am Sonntagnachmittag trafen sich die drei Kinder wieder auf dem Dachboden. Aber nicht zum Musikmachen. Axel musste den beiden Mädchen berichten, was er herausbekommen hatte. Jetzt war auch Krümel davon überzeugt, dass der Schatz noch da war. Aber wo hatte Thea ihn nur vergraben? Sonja und Axel hatten ihn nicht gefunden, obwohl sie sich genau an die Aufzeichnungen im Tagebuch gehalten hatten.

„Vielleicht habt ihr euch mit den Schritten vertan", überlegte Krümel.

„Wir haben Ein-Meter-Schritte gemacht. Wie Thea geschrieben hat", erwiderte Axel.

„Habt ihr die Schritte gemessen?"

„Nein, gemessen haben wir sie nicht, nur geschätzt", sagte Sonja. „Vielleicht war das der Fehler. Wir müssen es noch einmal versuchen."

„Ich weiß auch schon, wie!", rief Axel.

Die Kinder liefen nach unten. Axel holte aus seinem Ranzen ein Lineal. Im Geräteschuppen suchte er sich einen Stock, von dem er ein Stück von genau einem Meter abbrach. Das war ein genaueres Maß als seine oder Sonjas Schritte. Damit versuchten die drei noch einmal, die richtige Stelle im Garten zu finden.

Das Ergebnis war leider das gleiche wie beim ersten Versuch: Mal endeten die zweimal zwölf abgemessenen Meter auf dem Kiesweg und mal dicht neben dem Stamm der alten Eiche.

„Und die gab es schon, als Thea den Schatz vergraben hat", sagte Axel. „Ich habe Papa gefragt. Er hat gesagt, ein Baum von der Größe ist mindestens achtzig Jahre alt!"

„Das heißt, er stand schon da, als eure Ururgroßmutter den Schatz vergraben wollte. Sie muss es also woanders getan haben", stellte Krümel fest.

„Ha, ha. So weit waren wir auch schon", meinte Axel.

„Irgendwas stimmt nicht", überlegte Sonja. Plötzlich tippte sie sich an die Stirn. „Ich hab's!", rief sie.

Die anderen beiden sahen sie erwartungsvoll an.

„Passt mal auf", begann Sonja. „Thea hat doch an einer Stelle in ihrem Tagebuch geschrieben, dass es nicht auffallen würde, wenn sie den Schatz im Garten vergräbt, weil sie sowieso immer im Garten arbeitet. Sie hatte nämlich Gemüsebeete angelegt, um die vielen Leute durchzufüttern, die sie bei sich aufgenommen hatte."

„Ja und?", fragte Axel.

„Na, wo hat sie die Beete wohl angelegt? Vorne, vor dem Haus oder dahinter?"

„Dahinter natürlich!", riefen Axel und Krümel gleichzeitig und schon rannten alle drei los. Auf der Rückseite des Hauses angekommen, blieben die Kinder prustend stehen.

„Wir Deppen haben auf der verkehrten Hausseite gesucht!", sagte Sonja, „Auf zum dritten Versuch!"

„Markiert ihr die Stelle! Ich hole einen Spaten!", rief Axel. Er musste eine Weile nach dem Spaten suchen. Als er damit zurückkam, fand er die Mädchen auf dem Rand des alten Springbrunnens sitzend.

„Was macht ihr denn für Schlappohren?", wunderte sich Axel. „Habt ihr die richtige Stelle noch nicht gefunden?"

„Haben wir!", erwiderte Sonja und wies mit dem Zeigefinger auf den Boden.

„Wo? Hier?", fragte Axel.

„Genau hier, unter dem Springbrunnen!"

Dass der Schatz dort nicht versteckt sein konnte, leuchtete Axel ein.

Der Brunnen war uralt, das wusste jeder in der Familie. „Ihr habt wieder die falsche Hausecke genommen!", sagte er. „Ihr müsst es eben auf der anderen Seite versuchen!"

Als die beiden Mädchen sich nicht rührten, rief Axel ungeduldig: „Was ist los, habt ihr auf einmal keine Lust mehr zur Schatzsuche?"

„Quatsch!", sagte Sonja. „Guck es dir selbst an! Wenn wir von der anderen Hausecke aus gehen, landen wir auf dem Nachbargrundstück. Mitten auf deren Auffahrt!"

„Aber das ist doch nicht möglich!"

„Doch!", erwiderte Sonja. „Du weißt doch, Axel, was Papa erzählt hat: Früher gehörte mal der ganze Hügel zu diesem Haus. Inzwischen ist der größte Teil davon verkauft worden. Als Thea den Schatz vergraben hat, war das da drüben noch ihr Garten."

Axel warf den Spaten hin. „Verdammt!", rief er. „Dann gehört unser Schatz jetzt womöglich den Nachbarn? Das sehe ich überhaupt nicht ein!"

„Ich weiß nicht, wem der Schatz jetzt gehört. Aber was willst du denn machen? Ein Loch in eine fremde Auffahrt buddeln? Der Boden ist dort außerdem steinhart. Dafür brauchen wir Stunden."

„Wir können es ja in der Nacht machen. Wir graben ein Loch, holen den Schatz heraus und machen das Loch wieder zu."

„Spinner!", sagte Sonja. „Du glaubst doch wohl nicht, dass das keiner merkt? Nein, wir müssen jetzt doch mit Mama und Papa darüber reden."

„Und ich hatte mir das gerade so toll vorgestellt, sie mit dem Goldklumpen zu überraschen", sagte Axel enttäuscht.

„Du immer mit deinem Goldklumpen!"

„Ich finde", mischte sich jetzt Krümel ein. „Ich finde, ihr solltet nicht so schnell aufgeben. Vielleicht stimmt das alles gar nicht. Vielleicht haben wir doch noch einen Fehler gemacht. Irgendetwas übersehen! Lasst uns noch einmal genau nachlesen, was eure Ururgroßmutter über den Schatz geschrieben hat!"

„Das bringt doch nichts!", rief Axel.

„Jammern auch nicht", entschied Sonja. „Kommt mit nach oben."

Kurze Zeit später saßen sie wieder auf den Kissen in ihrem Studio und beratschlagten. Sonja las den beiden anderen noch einmal alles vor, was Thea über den Schatz geschrieben hatte. Wort für Wort. Aber das brachte die Kinder auch nicht weiter. Sie waren völlig ratlos. Sie hatten mit Hilfe von Axels Stock genaue Ein-Meter-Schritte gemacht. Und mehr als vier Ecken, von denen sie ausgegangen waren, hatte das Haus schließlich nicht.

„Jetzt müssen wir doch die Eltern einweihen", sagte Sonja betrübt.

Krümel sog die Luft durch ihre Zahnklammer. „Es gibt noch eine andere Möglichkeit", sagte sie. „Was ist, wenn das Schloss damals ganz anders aussah als heute? Wenn es umgebaut worden ist? Wenn es zum Beispiel jetzt größer ist als zu der Zeit von eurer Thea?"

„Das könnte sein", überlegte Sonja.

„Was willst du damit sagen?", fragte Axel.

„Na, überlegt doch mal: Wenn das Haus damals anders aussah, dann haben wir jetzt an den verkehrten Ecken die Schritte abgemessen. Ist doch logisch, oder?"

„Stimmt!", rief Axel bewundernd. „Und wie bekommen wir das heraus?"

„Habt ihr keine Pläne von dem Schloss? Wenn ein Haus gebaut wird, werden doch vorher immer Zeichnungen gemacht."

„Aber die Bruchbude ist uralt. Wer weiß, ob es noch Zeichnungen davon gibt."

„Und wenn ihr versucht es herauszubekommen?"

Sonja und Axel sahen sich an. Sie dachten beide das Gleiche: In dem kleinen Erkerzimmer unten gab es einen alten Bücherschrank, der voller Papiere war. Wenn es überhaupt noch Zeichnungen von dem Haus gab, konnten sie nur dort sein.

Die drei beschlossen, bei der nächstbesten Gelegenheit nach den Bauzeichnungen zu suchen. Vielleicht an einem der Sonnabende, wenn die Eltern zu Freunden Karten spielen gingen. Krümel könnte an dem Tag bei Sonja übernachten und ihnen bei der Suche helfen. Und die Eltern brauchten wirklich nichts von dem Schatz zu wissen.

Vergilbte Fotos

Am nächsten Sonnabend war es endlich so weit. Herr und Frau Jakobi fuhren abends zu Freunden zum Kartenspielen. Krümel war schon am Nachmittag gekommen. Sie durfte heute im Schloss übernachten.

Kaum hatte sich das Auto der Eltern entfernt, liefen die drei Kinder ins Erkerzimmer, um den Bücherschrank nach den alten Bauplänen für das Haus zu durchsuchen. Zum Glück war der Schrank nicht abgeschlossen. Als Sonja die Türen öffnete, quollen alle möglichen Papiere heraus.

„Ich nehme die linke Seite", bestimmte sie. „Nehmt ihr die rechte. Aber passt auf, dass ihr nicht alles durcheinanderbringt!"

„Das ist der Knaller!", rief Axel. „Mehr Durcheinander gibt es überhaupt nicht! Ich glaube nicht, dass wir hier die Hauspläne finden. Und wenn wir die ganze Nacht suchen."

„Hast du vielleicht eine bessere Idee?", fragte Sonja. Sie hatte inzwischen eine in Leder gebundene Mappe entdeckt. Sie nahm sie vorsichtig heraus und breitete den Inhalt auf dem Fußboden aus. Es waren Schriftstücke, vergilbte Briefe mit amtlichen Stempeln, Bankauszüge, Rechnungen, aber keine Pläne oder Zeichnungen von dem Haus. Als sie die Mappe wieder zurücktat, fiel ihr Blick auf ein Fotoalbum. Bildern konnte Sonja nie widerstehen. Erwartungsvoll nahm sie das Album in die Hand.

„Was willst du denn damit?", fragte Axel. „Wenn die jetzt anfängt Bilder anzugucken, sitzen wir morgen früh noch hier!", wandte er sich anklagend an Krümel und verdrehte die Augen.

„Vielleicht ist ein Foto von Thea darin. Ich würde gern wissen, wie sie aussah. Nur mal gucken", murmelte Sonja und schlug das Album auf.

Es waren bräunliche Fotos auf festem Karton. Zwischen den Seiten lag immer ein Bogen gemustertes Seidenpapier. Das erste Foto zeigte ein Baby, das mit dem Bauch auf einem weißen Fell lag. Auf dem nächsten Foto war eine junge Frau zu sehen, die das gleiche Baby auf dem Arm trug. Auf einem anderen Foto sah man zwei Personen. Ein Mann mit Schnurrbart, gestreifter Hose, schwarzer Jacke und Zylinder. Und wieder die gleiche Frau, die vor dem Mann kerzengerade auf einem Armsessel saß. Sie trug eine kunstvoll hochgetürmte Frisur und eine weiße Spitzenbluse. *Thea und Karl Jakobi 1911* stand darunter.

„Das müssen sie sein!", rief Sonja. „Thea und ihr Mann. Wollt ihr mal sehen?"

Natürlich wollten jetzt auch Krümel und sogar Axel das Foto von Thea sehen.

„Sie sieht toll aus!", sagte Krümel bewundernd. „Wie diese Frauen in den alten Filmen!"

„Echt altmodisch!", urteilte Axel.

„Ich finde sie schön", sagte Sonja. „Mal sehen, ob es noch mehr Fotos von ihr gibt." Sie blätterte weiter. „Hier! Ein Foto, das draußen aufgenommen wurde. Vor einem Haus."

„Euer Haus?", fragte Krümel interessiert.

Axel warf einen Blick auf das Foto. „Könnte sein, könnte auch nicht sein."

„Klar ist das unser Haus!", rief Sonja. „Guck doch mal genau hin. Da ist ein Stück von der alten Eingangstür zu sehen!"

„Okay, aber an der Seite, da fehlt etwas."

„Ja", bestätigte Sonja. „Und zwar der Teil, den wir jetzt als Eingang benutzen. Der muss später angebaut worden sein!"

„Dann habe ich also recht gehabt!", sagte Krümel und stand auf. „Die Pläne von dem Haus können wir vergessen. Die brauchen wir nicht mehr."

„Wieso denn nicht?", fragte Axel.

„Kapier doch, Mopskopf!", rief Sonja, die sofort wusste, was Krümel meinte. „Weil wir jetzt haben, was wir wissen wollten!"

„Wir zeigen es dir draußen", erklärte Krümel.

Sonja klappte das Fotoalbum zu und legte es wieder zurück in den Schrank. Dann liefen die drei Kinder nach draußen hinters Haus. Es war beinahe dunkel. Trotzdem fand Sonja nach kurzer Zeit eine Kante in der Außenwand, wo eindeutig ein Stück an das ursprüngliche Mauerwerk angeflickt worden war.

„Hier ist es!", rief sie. „Hier war die Ecke des Hauses zu Theas Zeit!"

„Von hier aus müssen wir noch einmal die Schritte machen", sagte Krümel.

Axel kapierte allmählich, was hier vorging. Er holte rasch seinen Ein-Meter-Stock. Damit maßen die Kinder jetzt zwölf Schritte geradeaus und zwölf Schritte nach links.

„Wow!", rief Axel und klatschte in die Hände.

Diesmal standen sie nicht auf dem Nachbargrundstück, sondern auf dem eigenen. Genau zwischen zwei Holunderbüschen.

Einen Moment sagte keines der Kinder ein Wort.

„Und jetzt holen wir uns den Schatz!", rief Axel schließlich.

Sonja schüttelte den Kopf. „Jetzt im Dunkeln willst du graben? Das ist doch Schwachsinn!"

„Aber wir sind gerade so schön allein", meinte Axel.

„Wir könnten es doch morgen früh tun", schlug Krümel vor. „Ganz früh, bevor eure Eltern aufstehen."

„Das ist eine gute Idee", stimmte Sonja ihrer Freundin zu.

„Ich stelle meinen Wecker auf fünf Uhr!" Axel hätte am liebsten gleich den Schatz ausgegraben. Aber er musste einsehen, dass es im Dunkeln keinen Zweck hatte.

Die Kinder gingen deshalb wieder ins Haus zurück. Sie beschlossen, bald ins Bett zu gehen, um am Morgen fit zu sein. Aber einschlafen konnte so bald keiner der drei. Dazu waren sie viel zu aufgeregt! Morgen würden sie den Schatz ausgraben und endlich erfahren, was es war.

Der Schatz

Die Pausenklingel schrillte. Sonja begann ihre Bücher zusammenzupacken. Plötzlich merkte sie, dass sie nicht an ihrem Schultisch saß, sondern zu Hause in ihrem Bett lag. Sie hatte geträumt.

Der Wecker klingelte immer noch. Sonja stopfte ihn schnell unter die Decke, um das Geräusch zu dämpfen, bis es ihr endlich gelang, ihn abzustellen.

Hoffentlich waren die Eltern nicht wach geworden! Sonja lauschte, aber anscheinend hatte außer ihr niemand das Klingeln gehört. Nicht einmal Krümel, die im selben Zimmer schlief. Sonja stand auf und zog an Krümels Decke.

„Was ist los?", murmelte die im Halbschlaf.

„Fünf Uhr!", flüsterte Sonja. Im Nu war Krümel wach und sprang aus dem Bett. Während sie sich anzog, ging Sonja in Axels Zimmer, um ihn zu wecken.

Wenige Minuten später schlichen die drei Kinder wie die Sioux-Indianer die Treppe hinunter und verließen durch die Hintertür leise das Haus. Frische Morgenluft schlug ihnen entgegen. Es war noch dämmerig draußen, doch für das, was sie vorhatten, würde das Licht schon reichen.

Als Erstes bestimmten die drei noch einmal ganz genau den Punkt, an dem gegraben werden musste. Er lag zwischen zwei Holunderbüschen.

Sonja markierte die Stelle mit einem Kreuz. „Wer fängt an?", fragte sie.

„Ich!", rief Axel. Er hatte schon den Spaten in der Hand und begann ihn eifrig in den Boden zu stoßen. Sehr tief kam er jedoch nicht. Die Erde war hart und voller Wurzeln. Axel versuchte es daraufhin ein kleines Stückchen weiter. Und noch ein Stückchen weiter.

„Du gräbst ja an der falschen Stelle!", rief Sonja.

„Dann mach du doch weiter!" Axel gab Sonja den Spaten. Insgeheim war er froh über die Ablösung. Er hatte sich das Schatzheben leichter vorgestellt.

Sonja bewies mehr Ausdauer und es gelang ihr schließlich, ein kreisrundes Loch auszuheben. Aber zwei Spaten tief, wie Thea in ihrem Tagebuch geschrieben hatte, war es noch lange nicht.

Krümel nahm ihr den Spaten aus der Hand. „Jetzt bin ich dran", sagte sie. Auch sie grub eine Weile angestrengt. Von dem Schatz war aber immer noch nichts zu sehen.

„Hier ist etwas!", rief sie plötzlich.

„Wo? Wo?" Alle drei Kinder beugten sich über das Erdloch.

Krümel griff mit beiden Händen hinein. „Ach, nur ein Stein!" Sie warf einen erdverschmierten Brocken beiseite.

„Voll daneben!", rief Axel enttäuscht.

„Allmählich glaube ich, es gibt gar keinen Schatz", murmelte Sonja.

„Nur nicht aufgeben." Krümel wollte weitermachen, aber Axel drängte sich vor: „Jetzt bin ich wieder dran!", sagte er.

Nachdem die obere Bodenschicht abgetragen war, wurde die Erde lockerer. Axel kam diesmal besser voran. Er hatte noch nicht lange gegraben, da stieß er mit dem Spaten auf etwas Hartes.

„Hier ist etwas!", rief er, genau wie Krümel vorher.

„Wieder nur ein Stein?", fragte Sonja.

„Nein, nein, ich glaube nicht! Es hört sich eher an wie etwas aus Holz!"

„Dann sei vorsichtig, dass du nichts kaputtmachst!", warnte Sonja ihn.

„Ich pass schon auf!"

„Vielleicht ist es besser, wenn wir ab jetzt ohne Spaten weitermachen", meinte Krümel.

Axel warf den Spaten beiseite und alle drei Kinder begannen mit den Händen wie wild in der Erde zu wühlen. Ihre Spannung stieg und keiner achtete mehr darauf, wo er die Erde hinwarf.

„Wie die Goldgräber!", lachte Krümel, die eine Handvoll Erde ins Gesicht bekommen hatte.

„Da!" Sonja hatte etwas ertastet. Sie wischte mit der Hand darüber. Etwas Glattes, Braunes kam zum Vorschein. Eine eckige Form.

„Der Schatz! Der Schatz!", schrie Axel aufgeregt.

„Bingo!", rief Krümel.

„Ich kann es nicht fassen!", sagte Sonja.

„Los, lass uns ihn schnell rausholen!", drängte Axel, der es vor Spannung kaum noch aushalten konnte.

Aber es dauerte doch noch eine ganze Weile, bis es den Kindern gelang, den eckigen Gegenstand aus der Erde herauszuheben.

Er war fest verpackt in glattes, speckig aussehendes Papier. Sonja strich darüber und entfernte so die gröbsten Erdklumpen. „Das ist Ölpapier! Schützt vor Feuchtigkeit", erklärte sie. „Thea hat geschrieben, dass sie den Schatz in Ölpapier eingewickelt hat."

„Mach es schon ab!", rief Axel. Vor Aufregung hopste er von einem Bein aufs andere.

„Ich bin ja schon dabei!" Mit Krümels Hilfe löste Sonja vorsichtig das Papier von dem Gegenstand. Es waren mehrere Lagen. Als sie die letzte abwickelte, kam ein

Kasten zum Vorschein. Er war aus dunklem, poliertem Holz, das an einigen Stellen milchig helle Flecken hatte. Der Kasten war verschlossen.

„Mann, bin ich jetzt aber gespannt, was darin ist!", rief Axel.

„Ich platz bestimmt gleich vor Neugierde!", sagte Krümel.

„Meint ihr vielleicht, ich nicht?", fragte Sonja. „Aber ohne Schlüssel bekommen wir das Schloss nicht auf."

„Mist!", rief Axel. „Vielleicht geht es mit einem Stück Draht?"

Sonja tippte sich an die Stirn. „Tickst du nicht richtig? Wir können das Schloss doch nicht einfach kaputtmachen!"

„Und was sollen wir sonst tun?"

„Ich hab eine bessere Idee!", erwiderte Sonja und erklärte den beiden anderen, was sie meinte. Die waren mit ihrem Vorschlag einverstanden und alle drei machten sich sofort an die Arbeit. Inzwischen war es hell geworden.

Sonntags frühstückten Jakobis immer spät. Endlich kam die Mutter nach unten, gefolgt vom Vater im Bademantel. Überrascht blieben die Eltern in der Tür zum Esszimmer stehen.

„Was ist denn hier los?", fragte Frau Jakobi.

„Habt ihr etwas ausgefressen?", erkundigte sich der Vater vorsichtig.

Der Frühstückstisch war gedeckt. Alles war da: frische Brötchen, die Eier unter den Eierwärmern, frisch gepresster Saft, die Zeitung und sogar ein Strauß Ringelblumen aus dem Garten. Und in der Mitte des Tisches stand ein sauber glänzender Holzkasten. Der Geruch von Möbelpolitur mischte sich mit dem von frisch gebrühtem Kaffee.

Herr und Frau Jakobi kamen vorsichtig näher. Sie trauten ihren Augen immer noch nicht so richtig. Sonntags waren Sonja und Axel normalerweise nicht so früh aus den Betten zu bekommen.

„Was ist denn das?", fragte der Vater verwundert und zeigte auf den Holzkasten.

Einen Moment war es still im Raum, dann prusteten Axel, Sonja und Krümel gleichzeitig heraus: „Der Schatz! Der Schatz!"

„Der was???" Der Vater schüttelte den Kopf.

Jetzt redeten alle drei Kinder durcheinander, bis die Mutter schließlich lachend rief: „Stopp! Stopp! Man versteht ja kein Wort! Nun mal langsam! Ihr habt also einen Schatz gefunden, ja?!"

An dem Ton der Mutter war zu hören, dass sie das Ganze für blanken Unsinn hielt. Für einen Scherz, den sich die Kinder mal wieder ausgedacht hatten.

Doch nun mischte sich der Vater ein. Er hatte sich den Holzkasten auf dem Tisch inzwischen genauer angesehen. „Noch einmal bitte!", sagte er. „Was ist das für eine Geschichte? Aber nicht alle durcheinander. Sonja, erzähl du!"

Sonja holte tief Luft und dann berichtete sie von Anfang an: Wie sie beim Aufräumen in der Truhe ein handgeschriebenes Büchlein gefunden hatten, das sich als Tagebuch entpuppte. Als Tagebuch von Thea Jakobi.

„Und wo ist das Tagebuch?", wollte der Vater wissen. „Das möchte ich sehen!"

Axel flitzte los, um das rote Bändchen vom Dachboden zu holen.

Sonja berichtete inzwischen weiter: Von ihrer anfänglichen Schwierigkeit, die Handschrift zu lesen, von Theas Hinweis auf den Familienschatz, von ihrer Beschreibung, wo sie ihn vergraben hatte. Sie erzählte von Axels und ihrer erfolglosen Suche und von Krümels Gedankenblitz, der sie schließlich zu der richtigen Stelle im Garten geführt hatte.

„Das ist die verrückteste Geschichte, die ich je gehört habe!", rief der Vater.

„Die reinste Räuberpistole!", sagte die Mutter immer noch zweifelnd.

„Ich muss erst einmal das Tagebuch sehen", sagte der Vater.

„Hier ist es!" Axel kam eben damit durch die Tür. „Aber Papa", drängte er, „können wir nicht zuerst den Kasten aufmachen? Wir wissen immer noch nicht, was darin ist!"

„Der Kasten ist abgeschlossen und ein Schlüssel war nicht dabei", sagte Krümel.

„Und kaputtmachen wollten wir das Schloss nicht", fügte Sonja hinzu.

„Das war auch ganz richtig so", sagte der Vater. „Ich glaube, ich weiß auch schon, was darin ist!"

„Was denn? Was denn, Papa?", wollten die Kinder wissen.

„Da bin ich auch mal gespannt!", rief die Mutter.

Der Vater lächelte geheimnisvoll.

„Mach doch endlich den Kasten auf!", quengelte Axel. „Ich platze noch vor Neugier!"

„Wir auch!", riefen die beiden Mädchen.

„Also gut!" Der Vater wandte sich an die Mutter. „Haben wir nicht irgendwo eine alte Keksdose mit Schlüsseln?"

„In der Kommode!", antwortete die Mutter. „Bin schon unterwegs!"

„Wie gut, dass man manche Sachen aufbewahrt, nicht?" Der Vater grinste.

Frau Jakobi hatte die Dose schnell gefunden. Sie räumte ein paar Teller beiseite und kippte sie auf dem Tisch aus. Es war ein ganzer Berg von Schlüsseln in allen Größen und Formen. Die Mutter schob sie mit der Hand auseinander. Türschlüssel, Kofferschlüssel, Fahrradschlüssel, Schlüssel für Sparschweine und alte Uhren und viele andere, deren Verwendung nie mehr festzustellen sein würde. Der Vater probierte einen nach dem anderen.

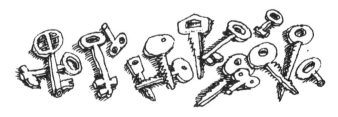

Nach vielen erfolglosen Versuchen griff er zu einem kleinen verschnörkelten Messingschlüssel. Und tatsächlich, der Schlüssel passte! Der Vater drehte ihn im Schloss, klappte den Deckel ein Stückchen auf, linste hinein und machte ihn sofort wieder zu. „Ich werd verrückt!", rief er. „Es ist tatsächlich wahr!"

„Was denn, Papa?"
„Was ist es denn?"
„Nun mach schon auf!"
„Zeig uns, was es ist!", riefen alle durcheinander.
„Es ist …" Der Vater klappte den Deckel des Kastens diesmal ganz auf. Er griff mit beiden Händen hinein, hob einen in grünes Filztuch eingewickelten Gegenstand heraus und stellte ihn vorsichtig auf den Tisch. „Der Schatz der Familie Jakobi!", sagte er feierlich und entfernte das Filztuch. „Seht euch das an!"

„Die berühmte Spieluhr", murmelte die Mutter.
„Ja, die Spieluhr! Sie ist wieder da!", bestätigte der Vater.
„Und ich dachte, es ist ein Goldklumpen", meinte Axel enttäuscht.
„Es *ist* ein Goldklumpen!", sagte der Vater. „Die Uhr ist aus reinem Gold und die Figuren hier auf dem Deckel sind aus Elfenbein. Es ist ein sehr altes, sehr wertvolles Stück. Von einem berühmten Goldschmied angefertigt. Hier, seht mal, hier steht es: *Banzoni, Firenze 1789*. Und

alle in der Familie, meine Großeltern, meine Eltern, alle haben geglaubt, sie sei im Krieg verloren gegangen. Gestohlen oder verkauft. Sie ist ein Vermögen wert!"

„Diese Thea!", sagte die Mutter bewundernd.

„Kann die Spieluhr auch etwas spielen?", fragte Krümel.

„Na, mal sehen!" Der Vater drehte an einer winzigen Kurbel, die an der Rückseite der Spieluhr angebracht war. Plötzlich begannen sich die Elfenbeinfiguren zu drehen und eine feine Melodie ertönte.

„Was ist das denn für komische Musik?", wunderte sich Axel.

„Das ist Techno vor zweihundert Jahren! Klingt ein bisschen anders als deine Trommeln, oder?", lachte der Vater.

„Damals nannte man es Menuett", erklärte die Mutter.

„Würdest du die Spieluhr verkaufen?", wollte Axel vom Vater wissen. „Wenn sie so wertvoll ist?"

„Niemals!", antwortete der Vater entschieden. „Es ist der Familienschatz! So etwas verkauft man nicht!"

„Ich finde", sagte die Mutter nach einer Weile, „die Kinder haben einen Finderlohn verdient. Ohne sie wäre die Uhr nie wieder aufgetaucht." Sie sah den Vater an und der nickte.

Die Mutter ging noch einmal zur Kommode und kam mit einer Schmuckkassette zurück. Sie holte drei kleine Münzen heraus.

„Die sind nicht ganz so alt wie Theas Spieluhr", sagte sie. „Aber aus Gold sind sie auch und wenn wir Ösen daran machen lassen, gibt das für jeden von euch einen hübschen Anhänger."

Sonja und Krümel klatschten vor Freude in die Hände.

„Übrigens!", rief der Vater und sah Sonja dabei an. „Das hätte ich fast vergessen. Ich habe etwas für dich!" Er kramte in seiner Bademanteltasche.

„Es ist zwar nicht so groß wie ein Klavier, aber wenn man ein bisschen übt, kann man auch damit schöne Musik machen."

„Eine Mundharmonika!" Sonja war begeistert. „Danke, Papa, die muss ich gleich mal ausprobieren!"

„Wollen wir nicht erst mal frühstücken?", fragte die Mutter und schenkte Kaffee und Kakao ein.

Aber keiner in der Familie hatte an diesem Sonntagmorgen so richtig Lust zum Frühstücken. Der Vater vertiefte sich sofort wieder in Theas Tagebuch. Und die Mutter konnte sich an der Spieluhr gar nicht sattsehen.

Sonja, Axel und Krümel liefen in ihr Studio. Sie wollten unbedingt ausprobieren, ob sie mit ihren Instrumenten die Melodie der Spieluhr nachspielen konnten. Die beiden Mädchen gaben sich die größte Mühe, nur Axel war nicht ganz bei der Sache. Er stellte sich heimlich vor, wie es wäre, wenn irgendwo in der „Bruchbude" noch ein Schatz versteckt wäre. Diesmal ein richtiger. Ein dicker, runder Goldklumpen. Und wenn er, Axel, ihn ganz allein fände! Dann würde er ihn verkaufen und sich dafür ...

„Träum nicht, Mopskopf!", rief Sonja und blies in ihre Mundharmonika.

Katharina Kühl, geboren 1939 in Stettin, studierte Soziologie und Sprachen. Seit 1971 ist sie freie Autorin und schreibt Hörspiele, Hörfeatures sowie Kinder- und Jugendbücher. Katharina Kühl lebt in der Nähe von Hamburg.

Georgien Overwater wurde 1958 in Gorinchem in den Niederlanden geboren. Sie studierte Kunst in Arnheim und illustriert seit 1982 vor allem Kinderbücher. Georgien Overwater ist eine international gefragte Illustratorin, die für holländische, englische, belgische und deutsche Verlage arbeitet.

Leseprobe aus:

Dimiter Inkiow,
Die Abenteuer des Odysseus

Schulausgabe erschienen im
Hase und Igel® Verlag, Garching b. München
ISBN 978-3-86760-011-8
Begleitmaterial für Lehrkräfte
ISBN 978-3-86760-311-9

Odysseus, der König von Ithaka, täuschte sich.

Der Trojanische Krieg dauerte sehr lange. Mehrere Götter mischten sich ein. Der Gott der Schmiedekünste, Hephaistos, der mit Aphrodite verheiratet war, half den Trojanern die Stadttore so zu befestigen, dass kein griechisches Kriegsgerät sie kaputt schlagen konnte.

Jeden Tag lieferten sich Trojaner und Griechen Gefechte.

Sehr oft waren es Zweikämpfe: ein griechischer Held gegen einen trojanischen Helden.

So verloren viele edle Männer ihr Leben. Der tapfere Hektor, der starke Achilleus, der kluge Patrokles, der schnelle Ajax und noch Dutzende andere.

Die Griechen hatten gegen Troja ein riesiges Heer auf die Beine gestellt.

Menelaos kam mit fünfzig Schiffen und zweitausend Kriegern.

Sein Bruder Agamemnon, König von Mykene, mit hundert Schiffen und viertausend Kriegern.

Odysseus war mit zwölf Kriegsschiffen und fünfhundert Mann dabei.

Noch mehrere Dutzend Könige nahmen mit ihren Flotten teil.

Es waren für die damalige Zeit große Segelschiffe, Einmaster, mit vierzig Mann Besatzung. Vierundzwanzig davon waren Ruderer.

Die Bucht vor Troja füllte sich mit Kriegsschiffen, so weit das Auge reichte.

Aber diese geballte Macht war nicht in der Lage, Troja in die Knie zu zwingen. Einmal sah es sogar so aus, als ob die Trojaner die Oberhand gewinnen würden.

Die Helden wurden langsam müde.

Immer wieder und wieder versuchte das griechische Heer, Troja im Sturm zu erobern. Und immer wieder – ohne Erfolg.

Hoch war die Stadtmauer Trojas, stark waren die Stadttore. Außerdem kamen Aphrodite und Hephaistos den Trojanern ständig zu Hilfe.

Diese Macht konnten die Griechen nicht überwinden.

So verging ein Jahr nach dem anderen.

Nach zehn Jahren Krieg wollten viele Könige die Belagerung aufgeben. Troja, dachten sie, ist nicht zu besiegen.

Dann aber lud Odysseus alle zu einem festlichen Essen ein. Nachts war ihm Pallas Athene erschienen. Sie hatte ihm gesagt: „Benutze deinen Verstand, um Troja zu besiegen. Nicht nur dein Schwert."

„Oh große Könige", sagte Odysseus, nachdem sie alle gut gegessen und getrunken hatten. „Wir kämpfen und kämpfen, aber Troja fällt nicht. Unsere Helden sterben einer nach dem anderen – der tapfere Achilleus, der schnelle Ajax, der kluge Patrokles … ich kann sie nicht alle aufzählen. Meine treue Gattin Penelope schickte vor Kurzem wieder einen Boten zu mir und fragte: ‚Wann kommst du endlich, mein Gemahl? Dein Sohn, den du als Baby zum letzten Mal gesehen hattest, ist jetzt ein Jugendlicher, bald ein Mann. Bitte komm, wir brauchen dich!' Sollte ich antworten: ‚Oh große Königin, ich komme nach zehn Jahren Kampf ohne Sieg zurück'?"

Alle schwiegen grimmig.

„Nein, das kann ich nicht und das will ich nicht!", fuhr Odysseus fort. „Ich will endlich siegen, wenn ich schon so lange gekämpft habe!"

„Das wollen wir auch, Odysseus, wir auch!", riefen viele. „Aber leider geht es nicht!"

„Nicht mit roher Gewalt. Aber wir können Troja mit List erobern."

Alle spitzten die Ohren: „Was schlägst du vor?"

„Wir sollten ein Pferd aus Holz bauen. Ein sehr, sehr großes Pferd. Die besten unserer Krieger verstecken sich dann im Bauch des Pferdes. Wir erklären in einem Schreiben feierlich den Krieg für beendet und bieten den Trojanern das Pferd als Geschenk und Entschuldigung an."

„Und was, meinst du, wird weiter geschehen?"

„Was wohl? Ich hoffe, sie werden das Geschenk annehmen und das Pferd in die Stadt bringen. Und dann fällt

Troja wie ein überreifer Apfel in unsere Hand. Jetzt brauchen wir strengste Geheimhaltung, schönes festes Holz, Geduld und Fleiß. Das Pferd muss wunderschön werden. Denn ich bin mir sicher, oh große Könige – falls wir Troja damit besiegen, wird das Trojanische Pferd in die Geschichte eingehen. Auch nach tausend Jahren wird man darüber sprechen."

Die Griechen machten sich an die Arbeit.

Holz wurde herangeschafft.

Künstler und Handwerker geholt.

Das Pferd wurde auf einer Holzplattform mit vier Rädern gebaut. Eine Geheimtür, die sich nur von innen öffnen ließ, führte in seinen Bauch.

Es war eine dunkle, geheimnisvolle Nacht – auch die Götter schliefen, als Odysseus sich zusammen mit dreißig seiner Krieger im Bauch des Pferdes versteckte.

Schwerter, Köcher mit Pfeilen waren in Schaffelle und Schafwolle eingewickelt. Nichts durfte klappern. Alle mussten mäuschenstill sein.

„Auch ein Seufzen kann uns verraten", warnte Odysseus. „Dann sind wir alle tot." Die Geheimtür wurde zugemacht.

Im Bauch des Pferdes war es so dunkel wie draußen, wo kein Mond und nicht ein einziger Stern zu sehen war.

Auch die Himmelskörper machten die Augen zu vor der Gemeinheit, die die Griechen vorbereitet hatten.

Es sah so aus, als ob die ganze Welt dagegen war.

Acht Ochsen brachten das hölzerne Pferd vor die Tore Trojas.

Leseprobe

Der Rest des griechischen Heeres zog sich zurück. Das große Zeltlager wurde abgebaut.

Die Trojaner trauten ihren Augen nicht, als sie am nächsten Morgen aufwachten.

„Die Griechen ziehen sich zurück!", riefen sie einander zu. „Sie haben aufgegeben!"

In der Stadt begannen die Priester Dankopfer zu bereiten.

Leider gaben die Innereien der Opfertiere kein gutes Zeichen – was die Priester sehr beunruhigte. Einer von ihnen, der berühmte Seher Lakoon, ging von seinen zwei Söhnen begleitet zu Priamos' Palast, um den König zu warnen. Hera sah sie vom Himmel aus und schickte sofort eine Riesen-schlange, die alle drei tötete. Die Göttin wollte nicht, dass Priamos gewarnt wird.

Um sicher zu sein, dass die Griechen die Belagerung aufgegeben hatten, schickte König Priamos von Troja Kundschafter in alle Himmelsrichtungen. Sie berichteten: „Die griechische Flotte segelt aufs offene Meer hinaus. Kein Grieche ist in der Nähe der Stadt zu sehen. Nur ein großes Holzpferd steht da. Wir haben neben dem Pferd ein versiegeltes Schreiben gefunden. Hier ist es."

König Priamos öffnete es und las: „An König Priamos. Wir geben auf, weil die Götter auf eurer Seite stehen. Der Krieg ist zu Ende. Als Zeichen der Versöhnung, damit ihr nicht an Rache denkt, schenken wir euch das hölzerne Pferd. Wir haben es euch zu Ehren das *Trojanische Pferd* genannt."

König Priamos begab sich vor das Tor Trojas und betrachtete lange das hölzerne Pferd. Er befahl, es in die Stadt zu bringen und auf dem Marktplatz aufzustellen. Rundherum sollte ein Fest stattfinden.

So geschah es. Alle Trojaner kamen, um zu feiern. Ziegen, Lämmer, Gänse und Hühner wurden gebraten. Viele Fässer Wein wurden geöffnet und getrunken.

Die leckeren Düfte kamen auch bis in den Bauch des Pferdes, wo die griechischen Krieger mucksmäuschenstill, verschwitzt und hungrig eng gedrängt einer neben dem anderen lagen.

Das Wasser lief ihnen im Munde zusammen.

Aber keiner gab auch nur einen Mucks von sich.

Mitten in der Nacht, als die Trojaner betrunken in tiefen Schlaf gefallen waren, schlichen die Griechen aus ihrem Versteck heraus. Sie begannen sofort, die betrunkenen Trojaner abzuschlachten.

Odysseus öffnete die Stadttore.

Das griechische Heer war in der Zwischenzeit zurückgekehrt. Die Krieger strömten in die Stadt.

König Priamos wurde getötet.

Odysseus nahm Königin Hekabe als Sklavin und ließ sie zusammen mit zwei ihrer Dienerinnen auf seinem Schiff einsperren.

Als am nächsten Morgen die Göttin Aphrodite vom Olymp auf Troja schaute, erstarrte sie vor Wut. „Was ist in dieser Nacht passiert?", fragte sie.

Ihr Schützling Paris war tot. Die schöne Helena weinte, gefangen in einer Koje auf dem Schiff von Menelaos. Überall auf Trojas Straßen lagen Tote: Männer, Frauen und Kinder.

Auch im Tempel der Pallas Athene lagen Tote. Sie hatten dort Rettung gesucht. Aber Odysseus' Krieger hatten sie auch dort gefunden und getötet. Das war eine Todsünde.

Die Sieger plünderten die Stadt. Endlich Sieg, nach zehn Jahren Belagerung.

Sie feierten, tranken und riefen immer wieder: „Es lebe der schlaue Odysseus!"

„Oh, das werdet ihr mir büßen!", rief Aphrodite empört und lief zu Zeus.

„Vater, schau bitte zur Erde! Sende deine Blitze! Bestrafe Odysseus! Seine Krieger haben das Tempelasyl missachtet und im Tempel deiner Tochter Pallas Athene Menschen getötet. Bestrafe ihn!"

Zeus seufzte. Er hasste es, sich mit kleinen menschlichen Problemen zu beschäftigen. Er wollte seine göttliche Ruhe haben. Er fragte grimmig: „Was haben die Würmer unten wieder angestellt?"

„Ein Tempel deiner geliebten Tochter Pallas Athene ist geschändet worden."

„Wenn das so ist, sag ihr das!"

„Wir reden seit Jahren nicht mehr miteinander."

„Wegen des goldenen Zankapfels? Habt ihr das noch nicht vergessen?"

„So etwas vergessen Frauen nie."

„Ihr seid aber keine gewöhnlichen Frauen. Ihr seid Göttinnen. Ihr wisst doch, den Zank zwischen dir und meiner Gattin Hera und Pallas Athene hat Göttin Eris ausgelöst. Aber ich kann ihr nicht böse sein! Ihre göttliche Aufgabe ist es ja, Zank und Zwietracht zu säen. Ich habe ihr natürlich hundertmal gesagt: ‚Tue es auf der Erde, nicht im Himmel, nicht bei mir.' Aber sie vergisst es, glaube ich. Sie ist viel zu tüchtig. Ich muss mir vielleicht eine andere göttliche Aufgabe für sie einfallen lassen und das mit dem Zank einem anderen Gott übertragen, der nicht so tüchtig ist." Zeus schwieg verärgert.

Aphrodite fragte vorsichtig: „Wirst du Odysseus nicht bestrafen, Vater Zeus? Bitte, wirf nur einen Blick auf Troja. Solche Grausamkeit haben meine göttlichen Augen selten gesehen."

Zeus warf einen Blick auf Troja, sah die Toten und befahl: „Rufe den Rat der Götter zusammen."

Die zwölf wichtigsten Götter kamen sofort auf den Olymp. Göttin Aphrodite trug ihr Anliegen vor und machte Vorschläge. Der Rat der Götter beschloss Odysseus zu verfluchen. Pallas Athene, seine Schutzgöttin, schlug vor, er solle am Leben bleiben und durch langes Leiden für die Sünden seiner Krieger büßen.

Hera war auch dafür. Die anderen Götter stimmten ihnen zu.

Als einige Hundert griechische Schiffe zurück nach Hause segeln wollten, brach wie aus heiterem Himmel ein schrecklicher Sturm los.

Die Götter übten Rache.